统编版小学语文怎么教

余映潮 著

中国人民大学出版社
·北京·

图书在版编目（CIP）数据

统编版小学语文怎么教／余映潮著 . -- 北京：中国人民大学出版社，2022.11
ISBN 978-7-300-31221-7

Ⅰ.①统… Ⅱ.①余… Ⅲ.①小学语文课—教学研究 Ⅳ.①G623.202

中国版本图书馆 CIP 数据核字（2022）第 205483 号

统编版小学语文怎么教

余映潮　著

Tongbian Ban Xiaoxue Yuwen Zenme Jiao

出版发行	中国人民大学出版社		
社　　址	北京中关村大街 31 号	邮政编码	100080
电　　话	010-62511242（总编室）	010-62511770（质管部）	
	010-82501766（邮购部）	010-62514148（门市部）	
	010-62515195（发行公司）	010-62515275（盗版举报）	
网　　址	http://www.crup.com.cn		
经　　销	新华书店		
印　　刷	北京华宇信诺印刷有限公司		
规　　格	168 mm × 239 mm　16 开本	版　次	2022 年 11 月第 1 版
印　　张	18.25　插页 1	印　次	2022 年 11 月第 1 次印刷
字　　数	260 000	定　价	78.00 元

版权所有　　侵权必究　　印装差错　　负责调换

自　序 /1

二年级

1. 我们好像站在黄山的一个个观景台上
   ——二上《黄山奇石》课堂教学实录 / 9

2. 三篇写"雨"的课文出现在我们面前
   ——二下《雷雨》课堂教学实录 / 18

三年级

3. 《搭船的鸟》品读，《翠鸟》背诵
   ——三上《搭船的鸟》课堂教学实录 / 31

4. 美不胜收的好课文，语言学习的大宝库
   ——三上《富饶的西沙群岛》课堂教学实录 / 42

5. 这里的描写有什么作用
   ——三上《手术台就是阵地》课堂教学实录 / 52

6. 课文是从哪几个方面把事情写清楚的
   ——三下《海底世界》课堂教学实录 / 62

四年级

7. 这节课完成了"一课四练"的任务
   ——四上《繁星》课堂教学实录 / 77

8. 非常有趣的文意概说活动
   ——四上《呼风唤雨的世纪》课堂教学实录 / 88

9. 最让我们感到神奇的地方就是"细丝"
   ——四上《爬山虎的脚》课堂教学实录 / 104

10. 我读出了课文中精彩的一笔
    ——四上《麻雀》课堂教学实录 / 114

11. 这一切都使人如临其境
——四下《乡下人家》课堂教学实录 / 126

12. 这里的描写是为表现雨来服务的
——四下《小英雄雨来》课堂教学实录 / 137

13. "下雪"的描写有什么作用
——四下《芦花鞋》课堂教学实录 / 152

五年级

---

14. 有趣的话题和有味的话题
——五上《小岛》课堂教学实录 / 169

15. 写一则描述松鼠某一特点的微文
——五上《松鼠》课堂教学实录 / 183

16. "春夏秋冬"是一种美妙的写作思维
——五上《四季之美》课堂教学实录 / 198

17. 巧"写"一首诗
——五下《祖父的园子》课堂教学实录 / 213

18. 教你学阅读之一二三
——五下《军神》课堂教学实录 / 224

六年级

---

19. 口头作文，微文写作，深情朗读
——六上《狼牙山五壮士》课堂教学实录 / 239

20. 这一笔，很有表现力
——六上《桥》课堂教学实录 / 250

21. 桑娜为什么坐着一动不动
——六上《穷人》课堂教学实录 / 261

22. 同类美文，同类美段，同类手法
——六上《夏天里的成长》课堂教学实录 / 274

自 序

语文教学的大海里有无限丰富的珍贵宝藏，多年来我在这浩瀚的大海边捡拾美丽的贝壳。我的教育梦想一直都很简单：为让高效的语文课堂教学走进千万个普通语文教师的课堂而勤奋努力。

我认为，高效阅读教学最基本的要求是：不以提问课文内容为主要教学目的，不以碎问碎答为常用教学方法。科学而艺术的课堂教学境界是：关注学生的语言学用训练，关注学生的读写技能训练，关注阅读教学中的知识积累教学，关注对所有学生的集体训练，关注教学过程中的审美熏陶，关注教材规定的单元训练重点和课文阅读训练的教学标准。

在对中小学高效课堂阅读教学的研究中，我认为正确的教学理念是非常重要的。它能提升我们对阅读教学设计的理性认识，让我们养成利用课文教学资源设计学生课中训练活动的习惯，提醒我们永远站在"好课"的高度来设计教学，来观察并思考我们的教学。

我曾经用系列文章和学术讲座的形式，阐释什么样的课是"好课"：

1. 充分运用课文、有效设计学生实践活动的课。
2. 非常重视语言学用教学的课。
3. 传授读写方法、训练读写技能的课。
4. 在教学过程中注意渗透语文知识特别是文学知识的课。
5. 运用"板块式"教学思路的课。
6. 运用"主问题"活动方式的课。
7. 巧用"诗意手法"、引导学生乐学的课。
8. 集中教学视点、确保教学容量和增加训练力度的课。
9. 克制碎问碎答、关注学生集体训练的课。
10. 崇尚教学技艺、杜绝平俗手法的课。

上述十个特点，提示的是普遍适用的中小学阅读教学"好课"的设计理念。

我还从更加明晰的细节化的角度对中小学阅读教学"好课"的基本特点进行了提炼。

中小学阅读教学"好课"的第一个基本特点是：充分运用课文

所谓"充分运用课文"，就是不就课文问课文，不就课文教课文，不就课文内容进行无休止的散乱提问，而是在教师细腻地、多角度地研读课文的基础上，提炼出字词认读、朗读背诵、归纳概括、精段阅读、微文写作等不同类型的教学资源并以此组织每位学生都能参与的课堂实践活动。

树立教学资源的意识，是语文教师走向优秀的重要路径。

所谓"教学资源"，就是蕴藏在课文中的，能够被教师用来设计字词教学、朗读教学、语言学用教学、阅读品析和课中微写教学的材料与抓手。

提炼教学资源，是高效课堂阅读教学的奠基性工作，是备好一节有质量的课的第一步。

中小学阅读教学"好课"的第二个基本特点是：实践活动丰富

实践获真知，实践练能力。

新课标指出，语文课程是实践性课程，"语文课程应引导学生热爱国家通用语言文字，在真实的语言运用情境中，通过积极的语言实践，积累语言经验，体会语言文字的特点和运用规律，培养语言文字运用能力"。

所以，高效的阅读课堂应该是有丰富的学生实践活动的课堂。在这样的课堂上，学生能够参与朗读、品析、讨论、听记、写作等不同形式的实践活动，从而在读写技能上得到训练与提高。教师设计学生的课堂实践活动，第一需要"安排任务"，第二需要"给予时间"，第三需要"集体训练"，让班里所有学生都有"活动"的机会与可能。

这里所说的"实践"，是学生在教师的指导下的语文习练活动、读写活动、训练活动；是由学生集体参与、每位学生都得亲历的，在较长时间内进行的认读、朗读、概括、复述、品析、欣赏、背诵、批注、写作、阐释等多种类型的课堂活动。

下面这些类型的课堂实践活动都是可行而且有效的：认字识词、短语积累、句段摘抄、字词品味、段意批注、文意概说、课文复述、朗读训练、章法理解、文思分析、人物评说、手法欣赏、诗文读背、片段精读、美点赏析、课文作文、创新写作等。

确保课堂实践活动有效的前提，一是教师要有充分运用教材的意识，二是教师要有充分设计学生课堂实践活动的坚定理念。

中小学阅读教学"好课"的第三个基本特点是：突现语言学用

语文课程是一门学习国家通用语言文字运用的综合性、实践性课程，语文课程致力于全体学生核心素养的形成与发展，为学生学好其他课程打下基础。因此，语文课堂首先是语言学用的课堂，不突出这一点，就忽略了语文课的基本训练要求。

所谓"语言学用教学"，就是着眼于语言的积累与运用，利用课文的教学资源设计并实施形式多样的、实用有效的语言教学活动。

语言学用教学的精华内容应该是雅词、佳句、精段、美文，还有综合性的、精美的语言表达模式。教师要善于从语言的角度对每一篇课文进行分析，提炼课文的句式、段式、篇式，分析课文中语言组合的特点，分析课文语言在叙述、描写、说明、议论、抒情中传情达意的技巧。

具体而言，除了基本的字词认读活动之外，语文教师还可以经常有变化地设计语言学用的习练活动：文意理解、情节概说、故事复述、朗读体味、课文读背、短语学用、成语接龙、句式写作、段式学用、补写续写、语言品味、课文集美、自由写话、人物评价、古诗改写、想象创编、读后随感、作品评论等。

中小学阅读教学"好课"的第四个基本特点是：关注技能训练

所谓"技能训练"，就课文的阅读教学来说，主要就是训练学生概括、概说、复述、批注课文，以及划分段落、品析词语、欣赏文句、体味手法、提取关键词语或句子、阐释表达作用或表达效果等基本的能够终身受用的阅读分析能力，唯此才能达到"教是为了不教"的境界。

如果说中小学的课文阅读教学有永恒不变的训练要点的话，那就是语言学用、技能训练、知识积累和审美熏陶。

那么，什么是对学生的技能训练呢？

从阅读的角度看，运用课文对学生进行文意概括、结构分析、思路阐释、要点概说、语言品析、表达作用理解、表达效果分析、表现手法欣赏、表达意图揣摩、课文意境赏析、作品专项探析等终身受用的语文能力的训练就是技能训练。

如果教师落实、细化、坚持阅读技能训练，学生就能够形成读写能力并终身受用。

中小学阅读教学"好课"的第五个基本特点是：重在集体训练

"集体训练"是受益面最大的训练。所谓"集体训练"，就是面对一个班级的所有学生安排的有一定时间长度与思考力度的教学训练活动，是每位学生都要参与的课文读背、独立思考、圈点批注、课中写作的活动，是每位学生都要动脑、动口、动笔的活动。其最重要的特点是，在同一个时间段内，每位学生都奋力做与自身素养提升有关的事。

为了一个班所有学生的集体训练，我们的语文课还需要追求有情有趣有味的教学境界。在有情有趣有味的课堂上，没有教师的着力煽情，没有教师的无端表扬，没有教师的大量碎问，没有教师的反复唠叨，有的是富有情味的学生实践活动。

据此，到底如何设计阅读教学的"好课"呢？那要做到：

反复研读课文，提取教学资源；

优化设计思路，安排学生活动；

突现语言学用，注重技能训练；

关注知识渗透，提高审美层次；

克制碎问碎答，着眼集体训练。

本书精选了我的 22 个课例，其中的课中训练活动分别设计如下：

《黄山奇石》：学习认字，练习写字，尝试说话，背诵积累。

《雷雨》：《要下雨了》《雷雨》《雨点儿》联读。

《搭船的鸟》：《搭船的鸟》品读，《翠鸟》背诵。

《富饶的西沙群岛》：初读，课文发现；再读，语言积累；精读，综合训练。

《手术台就是阵地》：标题填空，字词认读，简说全文，知晓写法。

《海底世界》：朗读课文，收获丰美语言；默读课文，训练概说能力；品读课文，突破有关难点。

《繁星》：课文朗读，美感体味，趣味写话，精段背诵。

《呼风唤雨的世纪》：识记丰美词句，概说课文内容，积累写法知识，读背精彩片段。

《爬山虎的脚》：牢记，趣说，精读，巧写。

《麻雀》：朗读体味，品析精彩，美文联读。

《乡下人家》：美美地说话，美美地认读，美美地读背，美美地写作。

《小英雄雨来》：学习概说，积累语言，品析细节。

《芦花鞋》：朗读识记，文意概写，细节品味。

《小岛》：有趣的话题，有味的话题，有趣有味的话题。

《松鼠》：简洁概说，字词积累，文段精读，微文美写。

《四季之美》：了解一种写作思维，知晓一种段落结构，品味一种行文笔法，感受几种描写之美。

《祖父的园子》：美美地说，美美地写，美美地析。

《军神》：纵向品析，选点赏析，知识听记。

《狼牙山五壮士》：口头作文，微文写作，深情朗读。

《桥》：积累知识，初知文意，品味妙笔。

《穷人》：写"穷"的作用品析，细节描写品析，心理描写的方法。

《夏天里的成长》：整体理解，美段细读，背诵积累。

以上每个课例都遵循了我的"教学思路清晰、提问精粹实在、读写训练深入、学生活动充分、课堂积累丰富"的教学主张；每个课例都坚决摒弃了零碎提问的教学陋习，代之以形式不同的学生课中实践活动；每个课例都关注了字词认读、语言学用、朗读体味、阅读品析、知识渗透等基础训练，有的还有专门设计的背诵或微文写作训练；每个课例都突现了对所有学生的集体训练并确保了学生活动的时间长度；每个课例都追求教学创意的新颖和教学容量的饱满；每个课例都注重教学细节的完善和教师教学语言质量的提升；每个课例都着力追求"好课"的教学意境。

希望本书能够给"双减"背景下的小学语文课堂教学改革提供一点儿有益的借鉴，希望本书能够给努力奋进的语文教师一点儿教学启迪，也希望阅读本书的朋友们提出宝贵意见、建议和批评。

语文课堂阅读教学的美好境界，永远在我们的前方。

余映潮

2022 年 6 月于武汉映日斋

二年级

1. 我们好像站在黄山的一个个观景台上
——二上《黄山奇石》课堂教学实录

时间：2018 年 9 月 6 日

地点：广东省东莞市大朗镇长塘小学

执教：余映潮

> 教学实录

师：同学们，请把书翻开，我们今天学习《黄山奇石》。请大家一齐读课文标题——

（学生齐读）

师：现在，请看大屏幕，接着读——

（屏幕显示，学生齐读）

> 黄山位于安徽省南部，那里，千峰竞秀，气势磅礴。

师：不简单哪，大家连"气势磅礴"都认识，再读一遍——

（学生齐读）

师：接着读——

（屏幕显示，学生齐读）

> 黄山与黄河、长江、长城齐名，成为中华民族的象征。

师：继续读——

（屏幕显示，学生齐读）

> 黄山"四绝"之一的怪石，以奇取胜，以多著称，似人似物，似鸟似兽，形态各异，生动逼真。

师：读得好！注意"鸟"字要读鼻音，"似鸟似兽"再读一遍——

（学生齐读）

师：真不错！我们开始学习课文。大家看课文，我朗读给大家听，请把你认为生动美好的字词随手圈出来。

（教师朗读）

师：我观察到了，大家都在很认真地听讲、圈画。现在大家有任务了，我来倾听你们的朗读。你们朗读时注意语速不要太快，要像老师这样把字、句读清楚。

（学生朗读）

师：不错！老师听了很高兴，有些字、句你们读得特别有感情，我听出来了。"有趣极了"，你们读得很好，"大桃子"的"大"字读得好听，"那巨石真像一位仙人"中的"真像"也读得好。还有一个地方的停顿好听："黄山的奇石还有很多，如'天狗望月'。""如"这里停了一下，很好。二年级的学生，就读得这么好听，表现真好。我们再来读，把老师表扬你们的地方读得更好，还要注意有几个字要读鼻音，把它们圈出来——"安徽省南部"的"南"，"仙女弹琴"的"女"。读准鼻音，你们的发音就更准确了。我观察了大家读书的神态，请大家带着微笑读书。读——

（学生再次朗读）

师：好听。同学们读得认真，老师要表扬大家。下面，我们开始学习认字。请同学们把字音读准，读——

（屏幕显示，学生齐读）

> 一、学习认字
> 中外闻名的黄山风景区（qū）在我国安徽省南部。那里景色秀丽神奇，尤其（yóu qí）是那些怪石，有趣极了。

在一座陡峭（dǒu qiào）的山峰上，有一只"猴子"。它两只胳膊（gē bo）抱着腿，一动不动地蹲在山头，望着翻滚的云海。

　　远远望去，那巨（jù）石真像一位仙（xiān）人站在高高的山峰（fēng）上，伸着手臂指向前方。

　　它伸着脖（bó）子，对着天都峰不住地啼（tí）叫。不用说，这就是著（zhù）名的"金鸡叫天都"了。

　　那些叫不出名字的奇形怪状（qí xíng guài zhuàng）的岩石，正等你去给它们起名字呢！

师：读得好听。注意"胳膊"的"膊"读轻声，"山峰"的"峰"读后鼻音。各自再读，看谁读得最积极。

（学生各自朗读）

师：真热闹哇！大家一起来，大声朗读这些词语，"风景区"——

（屏幕显示，学生齐读）

风景区（qū）　　尤其（yóu qí）　　陡峭（dǒu qiào）
胳膊（gē bo）　　巨（jù）石　　仙（xiān）人
山峰（fēng）　　脖（bó）子　　啼（tí）叫
著（zhù）名　　奇形怪状（qí xíng guài zhuàng）

师：老师考一考大家，一齐再读——

（屏幕显示，学生齐读）

风景区　尤其　陡峭　胳膊　巨石　仙人
山峰　脖子　啼叫　著名　奇形怪状

师：又读得很认真！咱们下一步就要学写字了，要学写九个字。开

始练习写字，把你们的小手举起来。

（屏幕显示）

二、练习写字

南　部　些　巨　位　每　升　闪　狗

师：咱们开始写"南"字。

（屏幕显示，学生一边书空，一边说笔画）

南：横、竖、竖、竖折钩、点、撇、横、横、竖。

师："南"这个字过关了。接着写"部"字。

（屏幕显示，学生一边书空，一边说笔画）

部：点、横、点、撇、横、竖、横折、横、横撇弯钩、竖。

师：注意，"部"字是左右结构。我们来写"些"字。

（屏幕显示，学生说笔画）

些：竖、横、竖、提、撇、竖弯钩、横、横。

师：注意"些"字的结构，上半部分的右边，先写撇，再写竖弯钩。下面，我们来写"巨"字，有些同学常常把笔顺写错，我们一齐说——

（屏幕显示，学生说笔画）

巨：横、横折、横、竖折（竖弯）。

师：好，"巨"字过关了。再一齐来写"位"字。

（屏幕显示，学生说笔画）

位：撇、竖、点、横、点、撇、横。

师："位"字比较容易。接下来，我们写"每"字。
（屏幕显示，学生说笔画）

每：撇、横、竖折、横折钩、点、横、点。

师："每"字过关了。下面，我们来写"升"字。
（屏幕显示，学生说笔画）

升：撇、横、撇、竖。

师：注意，写"升"字时要和"开门"的"开"字区分。下面，我们写"闪"字。
（屏幕显示，学生说笔画）

闪：点、竖、横折钩、撇、点。

师：注意，"闪"字的第一笔是点。下面，我们写"狗"字。
（屏幕显示，学生说笔画）

狗：撇、弯钩、撇、撇、横折钩、竖、横折、横。

师：大家多努力呀，九个字都会写了。现在，各自边说边写。
（屏幕显示，全班学生一边书空，一边说笔画）

南：横、竖、竖、竖折钩、点、撇、横、横、竖。
部：点、横、点、撇、横、竖、横折、横、横撇弯钩、竖。

些：竖、横、竖、提、撇、竖弯钩、横、横。

巨：横、横折、横、竖折（竖弯）。

位：撇、竖、点、横、点、撇、横。

每：撇、横、竖折、横折钩、点、横、点。

升：撇、横、撇、竖。

闪：点、竖、横折钩、撇、点。

狗：撇、弯钩、撇、撇、横折钩、竖、横折、横。

师：请把练习本打开，我来读，你们不看屏幕把字写出来，注意笔顺、笔画。

（学生书写）

师：我观察到咱们班上有四五位同学写字的速度比较慢，你们课后要多加练习，这样就能提高写字的速度了。现在请大家把笔放下来，我们再来进行一次学习活动，看大家能不能很聪明地学习。

（屏幕显示）

三、尝试说话

师：大家请看，作者在《黄山奇石》这篇课文的主要部分写了什么样的形态美好的石头呢？

（屏幕显示）

读着《黄山奇石》，我们好像站在黄山的一个个观景台上，拍下一张张奇石图——_____、_____、_____、_____……每一幅图，都像是一个神奇的童话。

师：请大家根据课文内容把句子说完整，各自开始练习。

（学生自由练习说话）

师：谁最有自信心呢？你是最先举手的，请你来说。

生1：读着《黄山奇石》，我们好像站在黄山的一个个观景台上，拍下一张张奇石图——仙女弹琴、猴子观海、仙人指路、狮子抢球，每一幅图，都像是一个神奇的童话。

师：多好哇！但怎么没有"仙桃石"呢？怎么没有"金鸡叫天都"呢？那可是主要的内容啊。

生2：读着《黄山奇石》，我们好像站在黄山的一个个观景台上，拍下一张张奇石图——仙人指路、猴子观海、狮子抢球、天狗望月，每一幅图，都像是一个神奇的童话。

师：说得好听，语速也很好，不过你们只看到了四条横线，没注意到省略号。再来一位，请你说。

生3：读着《黄山奇石》，我们好像站在黄山的一个个观景台上，拍下一张张奇石图——仙人指路、猴子观海、金鸡叫天都、天狗望月、仙女弹琴、狮子抢球……每一幅图，都像是一个神奇的童话。

师：真了不起！大家一齐读——

（屏幕显示，学生齐读）

> 读着《黄山奇石》，我们好像站在黄山的一个个观景台上，拍下一张张奇石图——仙桃石、猴子观海、仙人指路、金鸡叫天都、天狗望月……每一幅图，都像是一个神奇的童话。

师：同学们注意，这个地方就是你们要尝试进行创造的地方，怎么说都可以。此外，我们还有一项任务，这可是要考验大家的硬功夫的。

（屏幕显示，学生齐读）

四、背诵积累

师：老师指定一些内容，你们尝试1分钟背诵，这些都是课文中的优美语言。

（屏幕显示，学生各自背诵）

> 中外闻名　　秀丽神奇
> 陡峭的山峰　　翻滚的云海
> 金光闪闪的雄鸡　　奇形怪状的岩石

师：不看屏幕，一齐背诵。

（学生一齐背诵）

师：不错呀，这么美好的短语，大家都会背诵了。接下来，我们进行自由选背，不过我还是要给大家规定内容。大家看，非常有意思的表达：这就是有趣的"猴子观海"，这就是著名的"金鸡叫天都"。这种说法很好听：先介绍一处景物，然后说"这就是……"。如果你们能把这种表达方式背下来，说话就更好听了。如作者在介绍"仙人指路"时没有用"这就是"，你可以把它改成"这就是……"。这次背诵的时间为2分钟，任选一段背诵，开始——

（学生自由背诵）

生4：有一只"猴子"，它两只胳膊抱着腿，一动不动地蹲在山头，望着翻滚的云海。这就是有趣的"猴子观海"。（背诵）

师：要加上"在一座陡峭的山峰上"，这是地点。没有这个地点，我们还以为是一只真猴子呢。

生5：黄山的奇石还有很多，像"天狗望月""狮子抢球""仙女弹琴"。那些叫不出名字的奇形怪状的岩石，正等你去给它们起名字呢！（背诵）

师：背得真好。真的让我们有了很多想象啊，我们真想给那些石头取一些美妙的名字。

生6：在一座陡峭的山峰上，有一只"猴子"。它两只胳膊抱着腿，一动不动地蹲在山头，望着摇滚的云海。这就是有趣的"猴子观海"。（背诵）

师：错了一个字，不是"摇滚"，是"翻滚"。我们一齐来，把这两段背一背，注意先介绍一处景物，然后告诉大家"这就是……"。好，开始读背第3自然段、第5自然段。

（学生读背）

师：好的，这节课就上到这里，表扬大家，大家都很认真。谢谢，下课！同学们再见！

生：老师再见！

教学赏析

这节课余老师一共展开了四个教学环节：认字、写字、说话、背诵。四个环节由浅入深，层层递进，形成了清晰的教学板块。

开课入题，介绍黄山的文字将黄山从远方拉到了学生眼前，让学生对黄山形成了初步印象，与课文进行了极其自然的衔接。

课中有大量的写字训练与词语积累，全员参与的说话与背诵活动，丰富了学生的课堂积累。课中背诵的内容不仅有课后要求的精美段落，还有优美的词语。

这节课对于小学二年级的学生而言，是一节扎实有效的积累课：积累丰富的词语，积累精美的段落。同时还是一节高效的语言学用训练课：利用精美的范式对学生进行说话训练，既让学生进行了语言的积累与运用，也让学生形成了清晰的"段"的概念。

特别让我们惊讶的是：余老师给小学二年级的学生上课，居然不用"提问"，而学生在课堂上的表现却异常活跃。

原来，余老师将高效教学的理念落实到了他的每一节课中，充分体现了"板块式"教学思路的高效性与趣味性。

|赏析| 广东省佛山市南海区丹灶镇联安小学　罗小红

2. 三篇写"雨"的课文出现在我们面前
——二下《雷雨》课堂教学实录

时间：2019年6月30日

地点：湖南省长沙县诺贝尔摇篮达德小学

执教：余映潮

教学实录

师：同学们，这节课，我们学习小小的美文《雷雨》。这节课，其实不只是学《雷雨》，我们还要增加阅读的量，进行美文联读，从而达到积累语言、增加知识的目的。

（屏幕显示）

> 美文联读　　积累语言　　增加知识

师：请大家有感情地读一读这几个字，读起来——

（屏幕显示，学生齐读）

> 多姿多彩的雨……

（屏幕显示）

> 一、第一篇课文《要下雨了》

师：这是一年级下学期的课文，在座的同学都应该学过。我们来看看《要下雨了》这篇文章。一齐朗读,该怎样读呢?注意,读好故事中人物的语气。

(屏幕显示)

请同学们读好文中的语气。

师:"小白兔弯着腰在山坡上割草。……小燕子从他头上飞过。小白兔大声喊:'燕子,燕子,你为什么飞得这么低呀?'"(教师范读)这样就把语气读出来了。这篇文章因为有小燕子、小白兔、小鱼和蚂蚁的对话,所以朗读的语气很重要。好吧,一齐读——

(屏幕显示,学生齐读)

要下雨了

小白兔弯着腰在山坡上割草。天阴沉沉的,小白兔直起身子,伸了伸腰。

小燕子从他头上飞过。小白兔大声喊:"燕子,燕子,你为什么飞得这么低呀?"

燕子边飞边说:"要下雨了,空气很潮湿,虫子的翅膀沾了小水珠,飞不高。我正忙着捉虫子呢!"

是要下雨了吗?小白兔往前边池子里一看,小鱼都游到水面上来了。

小白兔跑过去,问:"小鱼,小鱼,今天怎么有空出来呀?"

小鱼说:"要下雨了,水里闷得很,我们到水面上来透透气。小白兔,你快回家吧,小心淋着雨。"

小白兔连忙挎起篮子往家跑。他看见路边有一大群蚂蚁,就把要下雨的消息告诉了蚂蚁。一只大蚂蚁说:"是要下雨了,我们正忙着搬东西呢!"

小白兔加快步子往家跑。他一边跑一边喊:"妈妈,妈妈,

> 要下雨了!"
> 　　轰隆隆,天空响起了一阵雷声。哗,哗,哗,大雨真的下起来了!

师:真好,读得最好听的就是最后一句话。大家看,这篇课文其实是知识童话。知识童话就是告诉我们有关动物、植物、天气等科学知识的。它告诉我们,有些小动物在下雨之前会有自己的感觉。再看文中,小白兔反复出现,文章以小白兔为主角构思。还有小燕子、小鱼、蚂蚁等角色,它们表现了故事内容的生动性;如果仅仅是写小鱼,故事就很单调了。文中小动物之间可以对话,这叫拟人的手法。课文中的知识是通过小动物们的对话表现出来的,这叫对话描写。好,我们一齐把这三项知识读一读——

(屏幕显示,学生齐读)

> 知识童话,拟人手法,对话描写。

师:下面,我们开始学习课文《雷雨》。
(屏幕显示)

> 二、第二篇课文《雷雨》

师:一齐来,先读课文——
(屏幕显示,学生朗读)

> ## 雷 雨
>
> 　　满天的乌云,黑沉沉地压下来。树上的叶子一动不动,蝉一声也不出。

> 忽然一阵大风,吹得树枝乱摆。一只蜘蛛从网上垂下来,逃走了。
>
> 闪电越来越亮,雷声越来越响。
>
> 哗,哗,哗,雨下起来了。
>
> 雨越下越大。往窗外望去,树啊,房子啊,都看不清了。
>
> 渐渐地,渐渐地,雷声小了,雨声也小了。
>
> 天亮起来了。打开窗户,清新的空气迎面扑来。
>
> 雨停了。太阳出来了。一条彩虹挂在天空。蝉叫了。蜘蛛又坐在网上。池塘里水满了,青蛙也叫起来了。

师:这是一篇小小的美文,每一句话都描写了一个画面。大家朗读时有没有发现一个注音,"哗"读第一声。"哗,哗,哗,雨下起来了。"刚才是大家初步的朗读。下面,我们来进行朗读训练,美美地朗读。

(屏幕显示)

> 1. 美美地朗读
>
> 一读:读清楚每一个字。

师:注意,第一次读,要想读清楚每一个字,就要咬准字音。"满天的乌云,黑沉沉地压下来。树上的叶子一动不动,蝉一声也不出。"(教师范读)把每一个字都读准,一齐来,咬准字音,开始读——

(学生齐读)

师:不错,老师在倾听,也在观察大家。同学们专注的神情以及随着雷雨的变化而产生的表情变化,都很不错。继续读,怎么读呢?第二次读,要读出雷雨前、雷雨中、雷雨后的层次。

(屏幕显示)

> 二读:读出雷雨前、雷雨中、雷雨后的层次。

师：请大家看课后练习。练习一是"说说雷雨前、雷雨中和雷雨后景色的变化"，这其实是告诉我们怎样分析文章。像这样写雷雨的过程或者写一个故事的文章，往往有事情发展的前、中、后层次。这样，我们读的时候就会感觉有一幅又一幅的画面出现在面前。好，一齐读——

（学生齐读，教师在学生读到雷雨前、雷雨中时进行提醒）

师：好，这一次读课文，我们在观察文章的顺序上有了一些体会。再读，就要读好其中六个字的重音。

（屏幕显示）

三读：读好六个字的重音。

师：课文要求我们感受动词运用的精彩。大家再看练习二：读句子，注意加点的词。第一个句子："满天的乌云，黑沉沉地压下来。"云层很低，来势很猛，给人压抑的感觉，所以这个"压"字用得好。第二个句子："一只蜘蛛从网上垂下来，逃走了。"第三个句子："一条彩虹挂在天空。"后面两个句子真美呀，有立体画面的感觉。

大家在课文中把"压""垂""挂"三个字圈出来。还要圈"摆"字，风来了，"吹得树枝乱摆"，"摆"字用得好。还要圈"扑"字，"清新的空气迎面扑来"，给人多么美好的感觉呀！还有一个字写得很精彩，"蜘蛛又坐在网上"的"坐"字。一起先把这几个字理解一下，读起来——

（屏幕显示，学生齐读）

"压"字用得好：乌云来势很凶猛。

"摆"字用得好：风的力量多大呀。

"垂"字用得好：蜘蛛逃跑的速度很快。

"挂"字用得好：空气清新，天空透明。

"扑"字用得好：有速度，有美感。

"坐"字用得好……

师：好，"坐"字用得好的理由，要由你们来说。蜘蛛在雨后又出来了，它坐在了网上，"坐"字为什么用得好呢？谢谢，请你发言。

生1：因为蜘蛛本来不会坐，这里用了拟人的手法。

师：好，还要分析这个"坐"字。为什么不用"躺"呢？"躺"也是拟人嘛。"坐"字用得好，请你来阐释。

生2：蜘蛛一般都是蹲在网上的，蹲和坐的动作差不多。

师：是，我们还是要把坐的道理讲清楚。这个蹲多吃力呀，是不是？好累呀！而坐就不累了，坐的表现力在哪儿呢？再猜一猜，想一下。我们坐的时候是很安逸的吧？没有大风，没有大雨……好，你来说。

生3：因为"坐"字能显示蜘蛛很有安全感。

师：对，雨停了，它又回到了网上，它很安逸，很闲适，所以一个"坐"字，是很有表现力的。"坐"字用得好，大家读起来——

（屏幕显示，学生齐读）

"坐"字用得好：蜘蛛悠闲、愉快。

师：我们再读，读出这六个字的重音。这个时候不齐读了，同学们各自朗读体味，把这六个字的重音读一读，你就能感觉到这些字用得多么优美。

（学生自由读）

师：大家读得很投入，很认真，可是读得不太好听。为什么读得不太好听呢？有两个原因：一是语速比较慢，二是声音太大了。你们以为朗读时声音越大越好听吗？不是这样的。有的同学是喊叫着读的，不太好听，要读得柔美一点儿。我们看看第四次朗读的要求，读出描述的味道。

（屏幕显示，学生齐读）

四读：读出描述的味道。

师：就像你在写文章，就像你在描写雷雨一样，语速稍微快一点儿，读得清脆一点儿。

"满天的乌云，黑沉沉地压下来。树上的叶子一动不动，蝉一声也不出。忽然一阵大风……"（教师范读）

大家看，这样的语气、语速就能很好地表现课文的画面之美了。我们一齐读，声音轻柔一点儿，语速稍微快一点儿，把描述的味道读出来。

（屏幕显示）

美美地朗读
一读：读清楚每一个字。
二读：读出雷雨前、雷雨中、雷雨后的层次。
三读：读好六个字的重音。
四读：读出描述的味道。

（学生自由朗读、体味）

师：接下来，我们进行下一个活动——写字。

（屏幕显示）

2. 细心地写字

师：写什么字呢？写难写的字。大家先不要动笔，老师告诉你们准确的笔顺、笔画。观察一下，一起来试一试，边写边读。好，把小手举起来，我们开始书空。

（屏幕显示）

①写第一个难写的字：雷。
雷：横、点、横钩、竖、点、点、点、点、竖、横折、横、竖、横。

②写第二个难写的字：黑。

黑：竖、横折、点、撇、横、竖、横、横、点、点、点、点。

③写第三个难写的字：垂。

垂：撇、横、竖、横、竖、竖、横、横。

④写第四个难写的字：迎。

迎：撇、竖提、横折钩、竖、点、横折折撇、捺。

（教师依次教写"雷""黑""垂""迎"字，学生各自书写）

3. 背诵并品味

师：刚才我们学了四个难写的字，现在就要背诵课文了。老师给大家提示一下，《雷雨》这篇文章有清晰的层次：雷雨前，雷雨中，雷雨后。

它有很精妙的用词，如"压"字、"垂"字、"逃"字、"扑"字、"坐"字等。

它的句子写得好：每一个句子都有变化，而且每个句子都描写了一个画面；用了拟人的手法，还有拟声词的运用，用人的感觉来写雷雨的消失等。

下面，请大家背诵《雷雨》5分钟，注意雷雨前、雷雨中、雷雨后的层次，注意读出"压"等六个字的重音，注意把"哗，哗，哗"读得好听一点儿，注意描述的味道。好的，一起来背诵吧。

（学生背诵《雷雨》5分钟）

师：听了大家的背诵，我感到天好像阴了，雷声响起来了，闪电也来了，然后下雨了，然后天晴了……大家再观察一下这篇文章，老师告诉你们一个重要的知识点，它叫"照应"。看作者对蜘蛛的描写，开头写蜘蛛逃跑，然后雨停了，蜘蛛又出来了。这种写作手法就是首尾照应，或者细节照应。老师还想告诉大家，《雷雨》有这样一些写法知识——

(屏幕显示)

> 景物描写，层次清晰，画面生动，有声有色，有动有静。

师：大家读一读。

（学生读屏幕上的内容）

师：知道了这些知识，我们再观察文章中的描写，就能直接分析出来，如有声有色等，"哗，哗，哗"就是写声音的，"黑沉沉地压下来"就是写色彩的。再读一遍。

（学生再读屏幕上的内容）

师：接下来，我们学习第三篇课文《雨点儿》。

（屏幕显示）

> 三、第三篇课文《雨点儿》

师：又是写下雨的文章，但它的表达目的不同。读一读吧——

（屏幕显示，学生自由读）

雨点儿

数不清的雨点儿，从云彩里飘落下来。

半空中，大雨点儿问小雨点儿："你要到哪里去？"

小雨点儿回答："我要去有花有草的地方。你呢？"

大雨点儿说："我要去没有花没有草的地方。"

不久，有花有草的地方，花更红了，草更绿了。没有花没有草的地方，开出了红的花，长出了绿的草。

师：大家读了课文就知道它用了拟人手法吧？这篇课文，是用大雨点儿和小雨点儿的对话来表现人的理想和志向的。所以读这篇文章时要读好重音，如"不久，有花有草的地方，花更红了，草更绿了。没有花没有草的地方，开出了红的花，长出了绿的草"，（教师范读）我们要用朗读来表达强调、抒情。再来读一遍，注意把重音读好。

（学生齐读《雨点儿》）

师：大家再观察雷雨前、雷雨中、雷雨后的层次，再观察拟人的手法，再观察对话描写，还要观察照应。雨点儿去了有花有草的地方，去了没有花没有草的地方，后来这些地方就发生了变化。这篇小小的美文写物抒情，用写"雨"来表达作者的一种情感，告诉我们要做好事，要做善事，要做美好的事。

（屏幕显示）

> 写物抒情，拟人手法，前后照应。

师：同学们，这节课，三篇写"雨"的课文出现在我们面前。

（屏幕显示）

> 多姿多彩的雨——《要下雨了》《雷雨》《雨点儿》

师：三篇文章都写雨，但是写雨的目的不同。语文的天地真奇妙！这节课我们欣赏的就是多姿多彩的雨，重点学习的内容就是课文《雷雨》。谢谢可爱的同学们，下课！同学们再见！

生：谢谢老师！老师再见！

教学赏析

余老师的《雷雨》是小学低年级高效阅读教学的典范。

第一个特点是实践活动丰富。纵观整节课，余老师特别关注学生的课堂实践活动设计，以训练学生的朗读能力为重点，用"多姿多彩的雨"

这根线，将《要下雨了》《雷雨》《雨点儿》三篇课文串联在一起，进行了美文联读，通过反复品析等方式，达到了积累语言和增加知识的目的。

第二个特点是充分运用课文。比如在此节课中，余老师指导学生将《雷雨》美美地朗读了四遍：读清楚每一个字；读出雷雨前、雷雨中、雷雨后的层次；读好六个字的重音；读出描述的味道。每读一次都变换一个角度，课中书声琅琅，宛似"大珠小珠落玉盘"。

第三个特点是重在集体训练。集体朗读、集体书写、集体背诵……每位学生在课中都参与了动口、动笔、动脑的训练活动，每位学生都有内容丰富的积累。重在集体训练，对小学低年级的教学有重要的价值和意义——不让一个学生落伍。

|赏析| 湖南省长沙县诺贝尔摇篮达德小学　孙彩红

三年级

3.《搭船的鸟》品读，《翠鸟》背诵
——三上《搭船的鸟》课堂教学实录

时间：2021 年 10 月 28 日

地点：河南省信阳市第九小学

执教：余映潮

教学实录

师：同学们，现在我们开始小小美文《搭船的鸟》的学习。请大家把第五单元教学重点读一读——

（屏幕显示，学生齐读）

> 第五单元教学重点：体会作者是怎样留心观察周围事物的。

师：这篇课文能让我们学习作者是怎样观察事物的。我们这节课叫课文联读课。

（屏幕显示）

> 教学创意：课文联读。

师：除了学习《搭船的鸟》，我们还要学习另一篇文章《翠鸟》，这节课的容量很大。

（屏幕显示）

一、《搭船的鸟》品读

师：开始《搭船的鸟》的品读教学。请看课文，朗读课文。老师倾听大家的朗读，"《搭船的鸟》"，读——

（学生齐读课文）

师：好听，大家的语气表达特别生动。开始我们的第一次学习活动。

（屏幕显示）

1. 字词学习

师：读准字音，"蓑衣"，读——

（屏幕显示，学生齐读）

蓑（suō）衣　　摇着橹（lǔ）　　鹦鹉（yīng wǔ）

静悄悄（qiāo）　　衔（xián）着

师：再读一遍——

（学生再次齐读）

师：读得准确清晰。下面，我们理解词意，读起来——

（屏幕显示，学生齐读）

船舱：船内载乘客、装货物的地方。

蓑衣：用草或棕毛制成的、披在身上的防雨用具。

摇橹：来回摇动橹柄推动船的前进。

鹦鹉：一种羽毛艳丽、能模仿人说话的鸟。

衔着：用嘴含着。

师：继续练习写字，大家把小手举起来，我们来写"搭、羽、嘴、哦"四个字。

（屏幕显示笔顺、笔画，学生书空）

> 搭：横、竖钩、提、横、竖、竖、撇、捺、横、竖、横折、横。
> 羽：横折钩、点、提、横折钩、点、提。
> 嘴：竖、横折、横、竖、横、竖、提、撇、竖弯钩、撇、横钩、撇、横折钩、横、横、竖。
> 哦：竖、横折、横、撇、横、竖钩、提、斜钩、撇、点。

师：刚才大家都在很认真地学习书写。现在开始我们的第二次学习活动。
（屏幕显示）

2. 朗读体味

师：同学们刚才已经读得很好了，我们还要进行朗读训练吗？啊，那是一定的。大家把这几句话读一读——
（屏幕显示，学生齐读）

> 读好：叙述语气、赞叹语气、疑问语气、描述语气、说明语气。

师：注意，这里不是"陈述"，是"叙述语气"。刚才老师为什么表扬大家语气读得好呢？因为老师就是想训练大家把语气读出来。第1自然段要读出叙述语气，就像讲故事一样，把一次有趣的经历讲给大家听。一齐读——
（屏幕显示，学生齐读）

(1) 请读好叙述语气

我和母亲坐着小船,到乡下外祖父家里去。我们坐在船舱里。天下着雨,雨点打在船篷上,沙啦沙啦地响。船夫披着蓑衣在船后用力地摇着橹。

师:这个故事就这样开始了——有船,有船夫,有"我们",而且还听到下雨了。好,继续读第2自然段,请读出赞叹语气。这一段的关键句是:"多么美丽啊!""美丽"是关键词,后面的描写都是表现美丽的,特别是色彩的描写。一齐读起来——

(屏幕显示,学生齐读)

(2) 请读好赞叹语气

后来雨停了。我看见一只彩色的小鸟站在船头,多么美丽啊!它的羽毛是翠绿的,翅膀带着一些蓝色,比鹦鹉还漂亮。它还有一张红色的长嘴。

师:咦,这只小鸟是什么时候来的呢?真是让人奇怪呀!那么,第3自然段就要读好疑问语气,接着读——

(屏幕显示,学生齐读)

(3) 请读好疑问语气

它什么时候飞来的呢?它静悄悄地停在船头不知有多久了。它站在那里做什么呢?难道它要和我们一起坐船到外祖父家里去吗?

师:读得好,老师观察到你们的眼神都能表现出疑问的神态。这一段在文中是第3自然段,是过渡段,它引出了作者对小鸟的观察和描写。

接着读好描述语气,小鸟捕鱼了,要把动词的重音读出来。"它一下子冲进水里,不见了",这个"冲"字要读出重音的感觉。把动词读出来,描述的味道就出来了。一齐读——

(屏幕显示,学生齐读)

> (4) 请读好描述语气
> 我正想着,它一下子冲进水里,不见了。可是,没一会儿,它飞起来了,红色的长嘴衔着一条小鱼。它站在船头,一口把小鱼吞了下去。

师:好听!"飞"字读得好,"冲"字读得好,"吞"字也读得好,大家读出了描述的味道。

第5自然段要读好说明语气,就是把自己懂得的内容讲出来。请读好说明语气——

(屏幕显示,学生齐读)

> (5) 请读好说明语气
> 母亲告诉我,这是一只翠鸟。哦,这只翠鸟搭了我们的船,在捕鱼吃呢。

师:一起来吧,各自体味文中的语气,好好地朗读课文。边读边思考:哪些地方表现了作者的细致观察呢?请各自朗读,不要齐读。

(学生各自读)

师:每位同学都好像在讲这个美丽的故事,每位同学都好像沉浸在故事的情节之中。现在开始我们的第三次学习活动。

(屏幕显示)

> 3.细节观察

师:观察一下有哪些地方作者写得很仔细?那可是作者的观察呀!

大家的任务是——

（屏幕显示）

> 任务：说说作者对哪些事物进行了细致观察。

师：拿起笔，在你认为作者观察最仔细的地方做上标记。

（学生静读、动笔）

师：好，把你的见解告诉大家。

生1："它的羽毛是翠绿的，翅膀带着一些蓝色，比鹦鹉还漂亮。它还有一张红色的长嘴。"我发现这是作者写得最仔细的地方。

师：这两句话重在色彩观察，特别是对小鸟不同部位的色彩观察得很仔细。

生2："我正想着，它一下子冲进水里，不见了。可是，没一会儿，它飞起来了，红色的长嘴衔着一条小鱼。它站在船头，一口把小鱼吞了下去。"作者对小鸟捕鱼进行了细致观察。

师：对。对捕鱼的动作进行了很细致的观察，而且是连续观察：它怎样冲到水里去，怎样飞起来，怎样再回到船上吃小鱼，作者对这个过程进行了很细节化的观察。谢谢！

生3："我们坐在船舱里。天下着雨，雨点打在船篷上，沙啦沙啦地响。船夫披着蓑衣在船后用力地摇着橹。"我觉得作者对"雨和船夫"进行了细致的观察。

师：对，"我们"要去玩儿，要回到家乡去，要乘船。这艘船是有船篷的，船夫穿着蓑衣，摇着橹，船夫站的位置是船后，小鸟站的地方是船头，"我们"是在船舱。观察得多仔细呀！

生4："它什么时候飞来的呢？它静悄悄地停在船头不知有多久了。它站在那里做什么呢？难道它要和我们一起坐船到外祖父家里去吗？"我感觉到作者的心理描写很详细。

师：对，既有观察，又有思索。于是，这个细节就很生动了。

生5："它的羽毛是翠绿的，翅膀带着一些蓝色，比鹦鹉还漂亮。"

这里做了比较，对颜色也进行了细致的观察。

师：既观察，又比较。鹦鹉本来就很漂亮，比鹦鹉还漂亮，就让我们知道这小小的翠鸟比鹦鹉更好看。

生6："天下着雨，雨点打在船篷上，沙啦沙啦地响。船夫披着蓑衣在船后用力地摇着橹。"我觉得这句话写出了作者对雨细致的观察。之所以有"沙啦沙啦"响的声音，是因为下雨了，船夫披着蓑衣，还在用力地摇着橹。

师：观察得多细致呀！这里的雨声是通过视觉和听觉来表现的，作者边看边听然后把它们表达出来，可以说是观察得很仔细。听觉也是观察的一个角度。大家说得真好，我们整合一下，大家读起来——

（屏幕显示，学生齐读）

> 画面美
> 雨中小船：船舱，船篷，船夫，船后，橹，船头，雨声。

师：整体对船的描写，表现出一种画面的美感。继续观察，"色彩美"，读起来——

（屏幕显示，学生齐读）

> 色彩美
> 美丽小鸟：彩色，翠绿，蓝色，红色，比鹦鹉还漂亮。

师：画面美、色彩美都在作者的观察之中，继续观察，"动作美"，读——

（屏幕显示，学生齐读）

> 动作美
> 小鸟捕鱼：冲进水里；飞起来了，衔着一条小鱼；站在船头；一口把小鱼吞了下去。

师：作者的观察就是围绕着"画面美、色彩美、动作美"等不同的角度来表达的。那么，这就有意思了，《搭船的鸟》有多少美呢？请大家读起来——

（屏幕显示，学生齐读）

> 静态的美，动态的美，色彩的美，聪明的翠鸟之美。

师：非常重要的是在船航行的过程中表现聪明的翠鸟之美，写它的静态，写它的动态。"站在那里"就是静态，"飞到水中"就是动态，它的"色彩美，捕鱼动作美"，各种美都集中到了聪明的翠鸟身上。我们接着思考，《搭船的鸟》是一篇什么样的文章呢？这真是一个有趣的思考题呀！

（屏幕显示）

> 《搭船的鸟》是一篇什么样的文章？

师：同学们可以自由回答，你觉得它是一篇什么样的文章，就可以表达自己的见解。

生7：我觉得它是一篇散文。

师：你有这么丰富的知识呀，真了不起！小小的散文，也可以说是记叙文，因为它有小小的故事，它的结构非常美观。

生8：《搭船的鸟》是一篇观察的文章。

师：假设这个作者到外祖父家里去，把这个观察的过程写出来，这就可以叫作"观察日记"。

生9：我觉得这篇文章很美。

师：构思很美，语言很美，描写很美，过渡也很美的文章，还有结尾一段告诉了我们他的感觉。这是一篇处处表现美感的文章。

生10：我觉得《搭船的鸟》是一篇描写翠鸟的文章，而且描写了翠鸟的动作美。

师：描写聪明的翠鸟捕鱼的文章，也和观察有关。老师告诉你们，要多角度地看这篇文章。读一读——

（屏幕显示，学生齐读）

> 《搭船的鸟》，一篇很精美的记叙文，一个童年时的小故事，一次有趣的生活经历，一则观察细致的日记，一段镜头很美的视频。

师：请把这几个关键词批在课文旁边——记叙文，童年故事，观察日记，有趣的经历。所以我们看课文，看文章，是可以从多个角度来进行观察的。作为小学三年级的学生，我们要开始学做笔记了。一齐再来读——

（学生再次齐读）

师：谢谢同学们的努力，也谢谢同学们的认真。我们开始第二篇课文《翠鸟》的学习，主要任务如下——

（屏幕显示）

> 二、《翠鸟》背诵

师：我们来看看课文《翠鸟》描写了翠鸟什么样的细节呢？大家读起来——

（屏幕显示，学生齐读）

> **翠鸟（节选）**
>
> 它的颜色非常鲜艳。头上的羽毛像橄榄色的头巾，绣满了翠绿色的花纹。背上的羽毛像浅绿色的外衣。腹部的羽毛像赤褐色的衬衫。
>
> 它小巧玲珑，一双透亮灵活的眼睛下面，长着一张又尖又

长的嘴。

小鱼悄悄地把头露出水面,吹了个小泡泡。翠鸟像箭一样飞过去,叼起小鱼,贴着水面往远处飞走了……

师:这是一则小小的观察日记,也是一篇小小的散文。我们看,"它的颜色非常鲜艳"是中心句,后面就围绕着这句话写它的颜色美,先写头上,再写背上,接着写腹部,这样的观察就更细致了。如此,色彩美就从多个角度突现出来。再写体型小巧玲珑,接着写它的眼睛透亮灵活。为什么写眼睛透亮灵活呢?因为它要在水中捕鱼呀!哦,这是为后文写捕鱼做铺垫的。写又尖又长的嘴,也是为写捕鱼做铺垫的,然后写小泡泡,这翠鸟真聪明呀,它知道小泡泡下面就是鱼,最后像箭一样飞过去,叼起小鱼就往远处飞走了。好,5分钟时间,请各自朗读背诵。

(学生各自背诵)

师:大家各自都在努力背诵了,现在一齐背诵。

(学生齐背)

师:老师要表扬你们,你们在背诵时,老师在观察你们的眼睛。你们的眼睛能够证明你们是诚实的,都在努力地背诵,没有看屏幕。谢谢你们如此努力,我们来看大屏幕,读——

(屏幕显示,学生齐读)

《翠鸟》,一篇很精美的记叙文,一则观察细致的日记,一幅富有动感的画面。

师:同样需要观察得很细致,才能写出这样的文章。它同样有——

(屏幕显示,学生齐读)

静态的美,动态的美,色彩的美,聪明的翠鸟之美。

师：同学们，这节课我们品读了《搭船的鸟》，背诵了《翠鸟》。
（屏幕显示）

> 品读《搭船的鸟》，背诵《翠鸟》。

师：谢谢同学们，下课。同学们再见！
生：老师再见！

教学赏析

《搭船的鸟》的课例表现了余老师不同凡响的教学艺术。

一是"课文联读"的巧妙组合。将《搭船的鸟》与《翠鸟》整合在一个课时中进行教学，对前者进行阅读品析训练，对后者进行背诵积累训练，课堂教学容量饱满，同时形成学生活动方式的变化与教学节奏的变化。

二是"朗读训练"的精巧设计。利用课文中五个自然段表达作用的不同，分别对学生进行了读好"叙述语气""赞叹语气""疑问语气""描述语气""说明语气"的角度细腻的朗读指导与训练，美感浓郁且创意独特。

三是"知识教育"的自然渗透。余老师在落实单元训练重点的同时，还关注到语文知识教学的得体和得法。学生在学习的过程中收获了"精美的记叙文""一个童年时的小故事""有趣的生活经历""静态的美""动态的美"等丰富的知识，可谓美不胜收。

|赏析| 河南省信阳市第九小学　杜燕

4. 美不胜收的好课文，语言学习的大宝库
——三上《富饶的西沙群岛》课堂教学实录

时间：2018年10月23日
地点：内蒙古自治区鄂尔多斯市东胜区第三小学
执教：余映潮

教学实录

师：同学们，这节课，我们学习美文《富饶的西沙群岛》。请大家读一读屏幕上的内容——

（屏幕显示，学生齐读）

> 美不胜收的好课文，语言学习的大宝库。

师：我们今天要学习这篇精致美好的课文，重点学习它的语言，有三个训练活动，大家读一读——

（屏幕显示，学生齐读）

> 一、初读，课文发现。二、再读，语言积累。三、精读，综合训练。

师：刚才上课之前，我就听见大家朗朗的读书声了。现在我们把课文齐读一遍，初读之后再进行课文发现。

（学生齐读课文）

师：读得好听，同学们发音清晰准确，朗读富有情感。下面，我们

开始进行课文发现。

（屏幕显示）

一、初读，课文发现

师：大家拿起笔，请思考——

（屏幕显示）

我发现课文是围绕着_____来写的。

师：请同学们观察，课文是围绕着哪个词来写的，在课文中圈出这个关键词，然后解说。可以这样思考：这个词很重要，它表现了课文写作的重点。

生1：富饶。

师：要说完整的话，这篇课文……

生1：这篇课文主要是围绕着"富饶"这个词来写的。

师：很好，这就把话说完整了。

生2：课文是围绕着"西沙群岛"写的。

师：课文的重点内容是"西沙群岛"。还有别的词，请你说一说。

生3：这篇课文是围绕着"优美"这个词写的。

师：嗯，风景优美，物产丰富。也是正确的。同学们还要注意，有一个词，很抒情，西沙群岛是个……

生4：这篇课文是围绕着"可爱"这个词来写的。

师：大家要练习说一句完整的话。一齐读——

（屏幕显示，学生齐读）

这篇课文是围绕着这些词来写的：富饶、美丽、可爱。

师：请你们把这几个词圈出来。第1自然段中的"优美"一词，也可以

43

圈出来。

（学生圈关键词）

师：同学们能够抓住课文内容的关键词，这样很好。咱们再来看，还可以发现，课文是围绕着这个句子来写的。请你来说一说。

生5：这篇课文是围绕"富饶的西沙群岛"写的。

师：这位同学抓住了课文的标题，很好。

生6："那里风景优美，物产丰富，是个可爱的地方。"

师：太好了。这位小同学读得很有感情。这篇课文就是围绕着"那里风景优美，物产丰富，是个可爱的地方"这个句子来写的。请大家动笔把这个句子画出来。

（学生画句子）

师：大家有没有发现课文的首尾有什么特点呢？

生：首尾相互照应。（齐说）

师：请同学们一齐把这句话读一读——

（屏幕显示，学生齐读）

> 课文的首尾是相互照应的。

师：再来把课文的首尾两段读一读——

（屏幕显示，学生齐读）

> 西沙群岛位于南海的西北部，是我国海南省三沙市的一部分。那里风景优美，物产丰富，是个可爱的地方。
>
> 富饶的西沙群岛，是我们祖祖辈辈生活的地方。随着祖国建设事业的发展，可爱的西沙群岛，必将变得更加美丽，更加富饶。

师：同学们，老师还发现这篇课文描写了西沙群岛的一个特点，这个特点是一个字——

（屏幕显示，学生齐读）

多

师：我先说一个表示"多"的词语——物产丰富。你们还可以找到文中其他表示"多"的词句。

生7："富饶"就是写"多"。

生8："各种各样"是写"多"。

师：是呀，"富饶""各种各样"不就是写"多"吗？

生9："成群结队"是写"多"。

师：是呀，有那么多的鱼在海水中成群结队地游来游去，真多呀！

生10："一半是水，一半是鱼"就是写鱼很多。

师：水中居然有一半是鱼，这是夸张的写作手法，表现鱼非常非常多。

生11：西沙群岛也是鸟的天下。

师：鸟的天下，一定有很多鸟。还有一个细节，"遍地都是鸟蛋，树下堆积着一层厚厚的鸟粪"，也是写鸟之多的。

生12：海参到处都是，在海底懒洋洋地蠕动。

师："到处都是"，也是写"多"的。这篇课文真有意思呀！还有的句子也是写"多"的，比如"有的……有的……"，写的就是"多"。

同学们眼光很敏锐，发现了好多好多写"多"的内容。请大家读一读——

（屏幕显示，学生齐读）

多

物产丰富，五光十色，各种各样，到处都是，成群结队，多得数不清，遍地都是。

有的像……有的像……　　有的……有的……有的……

西沙群岛的海里一半是水，一半是鱼。

师：写"多"，可以用几种不同的形式来表达，可以用一个字，还可以用一个词或一个句子。请同学们再一齐读一读——

（学生齐读）

师：读得太好了！谢谢同学们。让我们再读课文，来看新的要求。

（屏幕显示）

> 二、再读，语言积累

师：首先要根据拼音把字音读准确——

（屏幕显示，学生齐读）

> 富饶（ráo）　瑰（guī）丽　　山崖（yá）
> 一簇（cù）　　珊（shān）瑚　海参（shēn）
> 蠕（rú）动　　栖（qī）息

师：好，读得很准确。完成了字音认读，我们接着进行字的书写。请同学们把这三个词读一读——

（屏幕显示，学生齐读）

> 富饶　　瑰丽　　栖息

师：好，咱们来写字。请大家先看老师书写。

（教师示范写"饶"字，提示不要在右边的部件上面加点。教师示范写"瑰"字，提示把撇折写正确。）

学生练习写"饶""瑰""栖"三个字，分别进行了书空，练习写笔画，说笔顺。

师：同学们练得很好，很有干劲。我们接着还要积累四字短语。请同学们读起来——

（屏幕显示，学生齐读）

风景优美　　物产丰富　　五光十色　　瑰丽无比
高低不平　　各种各样　　成群结队　　飘飘摇摇
祖祖辈辈

师：课文里还有不少优美的句子，请同学们动情地朗读——
（屏幕显示，教师领读，学生齐读）

西沙群岛一带海水五光十色，瑰丽无比：有深蓝的，淡青的，浅绿的，杏黄的。一块块，一条条，相互交错着。
海底的岩石上生长着各种各样的珊瑚，有的像绽开的花朵，有的像分枝的鹿角。

师：大家看，"瑰丽无比"就是一个关键词，这句话的内容就是围绕"瑰丽无比"来写的。"各种各样"也是一个关键词，"有的像……有的像……"就是照应着"各种各样"的。请同学们再来读一读，把"瑰丽无比""各种各样"读重音——
（学生齐读）
师：同学们很能领会老师说的意思，通过朗读，一下子就把这些句子的美感表达出来了。下面，我们开始精读训练。
（屏幕显示）

三、精读，综合训练

师：我们来认真地读下面这个段落，请同学们先自己读一读，再看老师的训练要求，读——
（屏幕显示，学生齐读）

鱼成群结队地在珊瑚丛中穿来穿去，好看极了。有的全身布满彩色的条纹；有的头上长着一簇红缨；有的周身像插着好些扇子，游动的时候飘飘摇摇；有的眼睛圆溜溜的，身上长满了刺，鼓起气来像皮球一样圆。各种各样的鱼多得数不清。正像人们说的那样，西沙群岛的海里一半是水，一半是鱼。

师：请同学们看训练的要求。

（屏幕显示）

一练：圈出这一段的关键词。
二练：画出这一段的好句式。
三练：美美地朗读，美美地背诵。

师：请同学们拿起笔，默读这一段，先完成前两个要求。提示一下，关键词就是能够把某一段或者某一篇文章的内容都概括出来的词语。

（学生默读文段，完成学习要求）

师：大家可以说一说这一段话是围绕着哪一个关键词来描述的。

生13：这段话是围绕着"鱼"写的。

师：到处都是鱼，是什么样的鱼呢？我们还可以找一找别的关键词。

生14：这段话是围绕着"各种各样"写的。

师：各种各样的鱼多得数不清。还有没有其他发现？

生15：这段话是围绕着鱼在珊瑚丛中"穿来穿去"写的。

师：鱼穿来穿去地游动着，颜色又是那么好看。注意关键词一般在哪个位置？再来找一找。

生16：鱼"成群结队"。

师：我们还得继续找。找关键词，这真是个有趣的练习。

生17：这段话是围绕着"彩色"来写的。

师：彩色的鱼是什么样的呢？这样一想，就能够真正发现关键词了。

生18：这段话是围绕"好看极了"写的。

师：谢谢！这就对了。请大家把写"好看"的地方读出来——
（屏幕显示，学生齐读）

> 有的全身布满彩色的条纹；有的头上长着一簇红缨；有的周身像插着好些扇子，游动的时候飘飘摇摇；有的眼睛圆溜溜的，身上长满了刺，鼓起气来像皮球一样圆。

师：所以这一段的关键词是"好看极了"。不管是色彩，还是形态和动作，都是围绕着"好看极了"来写的。请大家把"好看极了"圈出来。
（屏幕显示）

> 这一段的关键词是"好看极了"。

师：第二个要求是发现一个句式，所谓句式就是你能够用它来说话、造句的句子形态。请你把找到的句式读出来。

生19："有的全身布满彩色的条纹；有的头上长着一簇红缨；有的周身像插着好些扇子，游动的时候飘飘摇摇；有的眼睛圆溜溜的，身上长满了刺，鼓起气来像皮球一样圆。"

师：太好了！如果把这句话提炼一下，只保留关键内容，是怎么样的呢？

生20：有的全身布满彩色的条纹，有的头上长着一簇红缨，有的周身像插着好些扇子，有的眼睛圆溜溜的。

师：这基本是原句的重复。提炼，就是要更简单，一看就可以仿照着说话的句式。

生21：有的……有的……有的……有的……

师：对了，这就叫句式。我们可以根据这个句式来说话。比如有的同学在认真地批注，有的同学在静静地思考，还有的同学在小声地背诵。句式是可以用来说话、写话的。我们一齐读一读——

（屏幕显示，学生齐读）

> 这一段的好句式是：有的……有的……有的……有的……

师：第三个要求就很简单了，需要大家把这个美段背下来，各自背诵4~5分钟。先轻声地背，然后我们一齐来大声地背，有情感地背。开始背诵——

（学生齐背）

师：好的，老师给你们讲一点儿背诵的经验——首先背关键的句子"好看极了"，其次背描写鱼的色彩之美的句子，再次背描写鱼的形态的句子，最后背人们评价的句子。这样有条理地背，就能够背得快一些。请大家各自再背——

（学生继续背诵）

师：好的，请大家来背诵。注意语速不要太快，情感要表达出来。

（学生齐背）

师：同学们背得太好了。老师发现第5自然段旁边有个"泡泡"："我发现这段话是围绕着一句话来写的。"我想聪明的你们一定知道这一段中哪个句子很关键，一齐读出来。

生："西沙群岛也是鸟的天下。"（齐读）

师：真好，后面的内容都是围绕着"鸟的天下"来写的，"遍地都是鸟蛋，厚厚的鸟粪"也都是表现"鸟的天下"的。

同学们太聪明了，老师喜欢你们。这节课，我们在美不胜收的好课文中，学习了美好的语言，这篇课文真是语言学习的大宝库。

（屏幕显示）

> 美不胜收的好课文，语言学习的大宝库。

师：下课！同学们再见！

生：老师辛苦了！老师再见！

教学赏析

这节课教学思路清晰，学习目标明确。

初读，课文发现——引导学生抓住关键字、词、句来理解课文内容。

再读，语言积累——引导学生积累课文中优美的词语和句子。

精读，综合训练——引导学生借助关键词句理解一段话的意思，落实语文要素，积累优美语段。

每一个活动的教学目标都用学生的实践活动来落实，教学过程环环相扣，层层递进。

在这节课中，学生进行了大量的语言积累。余老师对主问题的设计——"我发现课文是围绕'多'这个字来写的"——让人觉得无比奇妙；围绕这个主问题所进行的训练活动，引导学生在阅读中积累了大量表示"多"的词语和句子，也同样让人觉得力度非凡。

"一段多练"的教学手法表现在第三个活动中，发现段中的关键词，提取段中的好句式，背诵整个段落——让"鱼成群结队地在珊瑚丛中穿来穿去，好看极了"这个自然段的教学熠熠生辉。

|赏析| 内蒙古自治区鄂尔多斯市东胜区第三小学　袁超

5. 这里的描写有什么作用
——三上《手术台就是阵地》课堂教学实录

时间：2020 年 10 月 20 日

地点：湖北省武汉市光谷第六小学

执教：余映潮

▶ 教学实录

师：同学们，我们今天学习的课文是《手术台就是阵地》。战士们在枪林弹雨中浴血奋战，白求恩大夫在炮火连天中工作，这篇课文讲的就是这个扣人心弦的、惊险无比的故事。请大家把第八单元教学重点读一读——

（屏幕显示，学生齐读）

> 第八单元教学重点：学习带着问题默读，理解课文的意思。

师：我们先来了解一下白求恩大夫。大家一齐读起来，"白求恩"，读——

（屏幕显示，学生齐读）

> 白求恩（1890—1939），国际主义战士，加拿大共产党员，著名医生。

师：一个外国的共产党员来到中国，帮助中国人民抗日。这段话比较长，老师读给你们听。

（屏幕显示，教师朗读）

> 1937年我国抗日战争爆发，白求恩率领加拿大、美国医疗队于1938年3月底来到延安，不久赴晋察冀边区工作了一年多。在一次为伤员做急救手术时被细菌感染，1939年11月在河北唐县逝世。

师：课文的第1自然段是"1939年春，齐会战斗打响了。气焰嚣张的日军刚刚到齐会镇就挨了当头一棒，被我军消灭了五百多人。"我们来了解一下齐会战斗，大家一齐读一读，"齐会战斗"，读——

（屏幕显示，学生齐读）

> 齐会战斗是抗日战争时期，八路军在河北省齐会地区对进犯日军进行的一次进攻战。

师："进攻战"，就是主动地打击敌人。所以这次战斗是很激烈、很残酷的。

看看我们的学习活动：一是带着问题默读，进行文章标题的填空；二是字词认读；三是简说全文；四是知晓一点儿写作的手法。我们一共有四个学习任务。

（屏幕显示）

> 本课学习活动：一、标题填空；二、字词认读；三、简说全文；四、知晓写法。

师：活动一，带着问题，开始默读，把标题补充完整。

（屏幕显示，学生思考）

一、标题填空

请同学们根据课文的内容将标题说完整：

手术台就是_____阵地。

师：请同学们根据课文的内容将标题说完整，把当中的内容想一想，怎样把它表达出来。

生1：手术台就是医生的阵地。

师：对，在现实生活中，手术台就是医生的阵地。

生2：手术台就是战士们的阵地。

师：手术台是战士们接受治疗的地方，受伤的战士要在这儿接受手术。

生3：手术台就是白求恩的阵地。

师：在课文特定的环境中，手术台就是白求恩大夫的阵地。

生4：手术台就是白衣天使的阵地。

师：白求恩大夫在这个时候就是白衣天使呀，他拯救了多少濒临死亡的战士！我们看一看，一齐读起来——

（屏幕显示，学生齐读）

手术台就是医生的阵地。

手术台就是白求恩大夫的阵地。

手术台就是救助伤员的阵地。

手术台就是白求恩大夫在火线上争分夺秒给伤员做手术的阵地。

师：最后这句话太重要了，它说得很形象、很生动。还可以把我们刚才学到的"在枪林弹雨中"加进去。再读一读，"手术台就是"，读——

生：手术台就是白求恩大夫在火线上争分夺秒给伤员做手术的阵地。

（齐读）

师：对，白求恩大夫就是在枪林弹雨中，在连天的炮火中，在火线上争分夺秒给伤员做手术。好，一齐把这句话再说一遍——

生：手术台就是白求恩大夫在火线上争分夺秒给伤员做手术的阵地。（齐说）

师：好。这篇课文的大意就是：手术台就是白求恩大夫在火线上争分夺秒给伤员做手术的阵地。这叫巧妙利用课文的标题来理解课文的大意。刚才这个活动，同学们表现得很好。

活动二，字词认读。认一认，读一读，记一记，背一背。每一个同学都要识记。这些字的字音需要读准确，我们读完后还要写一写，画一画，达到会写的程度。好，请大声地朗读、记背。

（屏幕显示，学生朗读）

二、字词认读

战斗（dòu）　　当头一棒（bàng）　　白求恩（ēn）

大（dài）夫　　血（xuè）丝　　镊（niè）子

撤（chè）走　　危险（xiǎn）　　瓦（wǎ）片

布帘（lián）　　迅速（xùn sù）　　争分夺秒（miǎo）

师：好，各自大声地读和记，不要齐读。

（学生读记）

师：比较难的几个字，我们一齐再来读一读。"血丝"的"血"是个多音字，在这里读 xuè。"镊"这个字读鼻音 niè。"撤"这个字读卷舌音 chè。好，一齐读——

（学生再次齐读有关字音）

师：好，1分钟各自记背。

（学生记背）

师：好，接着学习成语。一齐来，"气焰嚣张"，读——

（屏幕显示，学生齐读）

气焰嚣张：这里形容敌人猖狂放肆。

> 当头一棒：这里比喻敌人受到了沉重打击。
> 硝烟滚滚：指炮弹爆炸后腾起的大面积烟雾。
> 争分夺秒：形容充分利用时间，一分一秒也不放过。

师：继续各自认读、记忆。

（学生记背）

师：大家学习好认真哪！再来一遍。"气焰嚣张"，读——

（学生再次朗读）

师：谢谢同学们的努力。现在各自默读课文3分钟，然后老师有重要的任务交给你们完成。开始默读课文。

（学生默读）

师：好的，不少同学都完成了默读任务。你们在默读时，老师在干什么呢？老师在观察。咱们班上只有一个同学拿起笔，在相关地方做了一点儿记号。其他的同学呢？都没有用这种方法。读书的时候，手上一定要拿笔呀。圈点勾画，在你认为非常好的地方做记号，这才叫读书。

下面继续我们的训练活动——简说全文。活动三，简说全文。语言学用需要流畅讲述，先根据课本内容来训练，然后流畅地讲出来。"1939年春，著名的齐会战斗进行了三天三夜。战斗非常……"。

生：激烈。（齐答）

师：先不要回答，等老师把它念完，你们要各自准备。

（屏幕显示，教师朗读）

> 三、简说全文
>
> 1939年春，著名的齐会战斗进行了三天三夜。战斗非常_____，在_____的一座小庙里，白求恩大夫_____地站在_____旁给伤员做手术，_____工作了六十九个小时没有休息。尽管敌机不断地在上空_____，尽管_____不断地在周围_____，尽管眼球上_____，他都仍然在

_____地工作。他说,"_____"。

师:每位同学准备5分钟。到时候要求你把这段话完整地、流畅地讲出来。快点儿准备吧。

(学生思考)

师:老师又观察你们了,每个同学都很专注,都很紧张地在课文中寻找最恰当的语句。现在交给你们一项任务——同桌之间讲故事,把这段内容完整地讲出来。我来观察谁讲得不流畅。开始吧。

(学生互讲)

师:同学们都在讲故事,真好。大家知道吗,这就叫学语言,练思维。一齐来讲,"1939年",开始——

(学生各自讲述)

师:老师真高兴啊,同学们都说得很准确,而且没有看课文,这就是真正的用心。有哪一位同学,能非常流畅地讲出来呢?好,你是最先举手的,来,大声说话。

生5:1939年春,著名的齐会战斗进行了三天三夜。战斗非常激烈,在离火线不远的一座小庙里,白求恩大夫镇定地站在手术台旁给伤员做手术,连续工作了六十九个小时没有休息。尽管敌机不断地在上空吼叫,尽管炮弹不断地在周围爆炸,尽管眼球上布满了血丝,他都仍然在争分夺秒地工作。他说:手术台是医生的阵地,战士们没有离开他们的阵地,我怎么能离开自己的阵地呢!

师:很不错,我想同学们都可以像她这样讲话。有一个地方说得不太准确,"尽管"的"尽"是第三声。好,大家一齐读起来——

(屏幕显示,学生齐读)

1939年春,著名的齐会战斗进行了三天三夜。战斗非常激烈,在离火线不远的一座小庙里,白求恩大夫镇定地站在手术台旁给伤员做手术,连续工作了六十九个小时没有休息。尽管

> 敌机不断地在上空吼叫，尽管炮弹不断地在周围爆炸，尽管眼球上布满了血丝，他都仍然在争分夺秒地工作。他说：手术台是医生的阵地，战士们没有离开他们的阵地，我怎么能离开自己的阵地呢！

师：好，大家把这句话圈出来。"他说：手术台是医生的阵地，战士们没有离开他们的阵地，我怎么能离开自己的阵地呢！"这句话是提示全文主题的句子，用白求恩大夫的话来提示主题，表现了他坚守自己的阵地绝不退缩、绝不胆怯的决心。

同学们在刚才这个学习环节中都很用心，把课文中最美好的语言都积累了。咱们继续第四个活动——知晓写法。老师朗读，你们画句子。

（屏幕显示）

> 突然，几发炮弹落在小庙前的空地上。硝烟滚滚，弹片纷飞，小庙被烟雾淹没了。
> 敌机不断地在上空吼叫，炮弹不断地在周围爆炸。
> 一连几发炮弹落在小庙的周围。庙的一角落下了许多瓦片。挂在门口的布帘烧着了，火苗向手术台扑过来。

师：我来观察大家的圈画。

（学生圈画）

师：好，下面，一齐来朗读。要读出紧张的、战斗的、危险的氛围。"突然"，读——

（学生朗读）

师：好，我们再来读一遍。朗读，不是一个字一个字地念，要把这种危险的情景通过朗读表现出来。"突然"，读——

（学生再次朗读）

师：大家思考一下这里的描写有什么作用呢？写炮弹、写敌机、写火势的作用在哪里？先思考一会儿，再来表达你的看法。

（屏幕显示，学生思考）

四、知晓写法
话题：说说写炮弹、写敌机、写火势的作用。

生6：写炮弹、写敌机、写火势的作用就是突出白求恩大夫的辛苦，突出他坚持给伤员们做手术的决心。

师：好，在危险中工作，在危险中坚持。

生7：写炮弹、写敌机、写火势的作用就是为了衬托这个地方的危险，衬托白求恩大夫的坚持不懈。

师：这个同学说了两个很好的词，两次说"衬托"。写火势、写敌机、写炮弹就是为了表现白求恩大夫不怕牺牲的精神，这就叫衬托手法。

生8：写炮弹、写敌机、写火势的作用就是衬托白求恩大夫在危险中工作，认真地做手术。

师：尽管非常危险，会危及生命，但他仍然在镇定地工作，而且争分夺秒。这位同学也说了"衬托"，太好了。

生9：描写了白求恩在危险中争分夺秒地工作，救死扶伤。

师：对，渲染了危险的情景。

生10：是为了衬托白求恩大夫在危险中救死扶伤，舍己为人。

师："舍己为人"这个词语用得好。看来同学们真的很不错，能够理解炮弹、敌机、火势对表现人物的作用。老师把大家的话小结一下。请你们拿起笔，把老师讲的内容批注在课本上。

（屏幕显示）

战场环境描写，前后反复照应，表现危险情景，衬托白求恩大夫。

师：我来看谁的笔记写得又快又好，谁的笔还没有拿起来。作者在文章的不同部位都进行了战场环境描写，这些描写是前后反复照应着的。写作角度不同，但都是写危险的，这样写的作用是表现危险情景。还有重要的作用，就是衬托白求恩大夫，衬托人物形象。所以我们要知道，写炮弹、写敌机、写火势都是环境描写，都是表现危险情景的，都是来衬托白求恩大夫的。

好，我们把下面这段话读一读——

（屏幕显示，学生齐读）

> 敌机不断地在上空吼叫，炮弹不断地在周围爆炸。师卫生部长匆匆赶来，对白求恩说："师长决定让您和一部分伤员离开这里。"白求恩沉思了一会儿，说："我同意撤走部分伤员。至于我个人，要和战士们在一起，不能离开。"部长恳求说："白求恩同志，这儿危险，让您离开这里，是战斗形势的需要哇！"白求恩说："谢谢师长的关心。可是，手术台是医生的阵地。战士们没有离开他们的阵地，我怎么能离开自己的阵地呢？部长同志，请您转告师长，我是一名八路军战士，不是你们的客人。"白求恩低下头，继续给伤员做手术。

师：这里的描写叫对话描写。好，读起来，"课文中的环境描写"，读——

（屏幕显示，学生齐读）

> 课文中的环境描写、对话描写、动作描写、神情描写，都表现了白求恩大夫临危不惧、对工作极端负责任的精神和形象。

师：这个单元的导语是这句话，我们一齐来读一读。"美好的品质"，读——

（屏幕显示，师生共读）

> 美好的品质，犹如温暖的阳光，带给我们希望和力量。

师：谢谢同学们，大家表现得很不错。下课！同学们再见！
生：谢谢老师，老师再见！

教学赏析

这是一节简明、高效又有创意的阅读课，它表现了一般教学设计中所没有的"实"与"美"。

实在课堂活动的精心设计。整节课以学生活动为主线，通过标题填空、字词认读、简说全文、知晓写法这四次实践活动来理解品读课文。教学活动设计简明，但学生实践活动充分，着眼于学生的知识积累、学法指导、能力训练，从而形成了对学生扎实有效的课堂阅读活动。

美在教学内容的顺势穿插。课始穿插白求恩和齐会战斗的背景资料，随后巧妙穿插精细的字词教学，字词积累扎实。此外，在学生的朗读活动、品析活动之后，教师进行活动小结，顺势讲析知识。这种顺势穿插的方法能让内容略显单薄的课文在教学中变得丰厚起来。

美在朗读指导的教学细节。教学中将朗读活动分别安排在不同的教学板块之中，有序推进，角度精致，细节到位。这种朗读角度的设计，在对学生的语感训练与阅读欣赏能力的训练上能够表现出很大的力度。

美在教学思路清晰简明，美在教学细节精致到位，美在教学氛围动静有致，美在课堂活动形式丰富，美在师生对话简洁高雅。

由于"实"，由于"美"，这节课也表现了"雅"与"活"。

|赏析| 湖南省长沙县诺贝尔摇篮达德小学　贺云香

6. 课文是从哪几个方面把事情写清楚的
——三下《海底世界》课堂教学实录

时间：2021 年 5 月 12 日

地点：江苏省南京外国语学校方山分校

执教：余映潮

教学实录

师：同学们，我们今天学习一篇美妙的文章《海底世界》，这是一篇说明科学道理的科学说明文。好，一齐把第七单元教学重点读一读——

（屏幕显示，学生齐读）

> 第七单元教学重点：了解课文是从哪几个方面把事物写清楚的；初步学习整合信息，介绍一种事物。

师：这可是一个比较难的问题，下面，我们将一步一步地展开学习。读一读第七单元的导语——

（屏幕显示，学生齐读）

> 第七单元导语：天地间隐藏着无穷无尽的奥秘，等待我们去寻找。

师：这节课主要对同学们进行语言训练、阅读能力训练和知识训练。现在开始我们的第一个活动：朗读课文，收获丰美语言。请同学们看屏幕，我们一齐朗读——

一、朗读课文，收获丰美语言

海底世界

你可知道，大海深处是怎样的吗？

海面上波涛澎湃的时候，海底依然很宁静。最大的风浪，也只能影响到海面以下几十米深。阳光很难射进深海，水越深光线越暗，五百米以下就全黑了。在这一片黑暗的深海里，却有许多光点像闪烁的星星，那是有发光器官的深水鱼在游动。

…………

（学生齐读）

师：好，读得流畅、准确、好听。我们来看，课文里面有什么呢？同样有丰富的"宝藏"，字音就是其中之一，我们一齐根据注音读起来——

（屏幕显示，学生齐读）

澎湃（péng pài）　闪烁（shuò）　啾啾（jiū）
打鼾（hān）　海参（shēn）　梭（suō）子
褐（hè）色　细胞（bāo）　海藻（zǎo）
蕴（yùn）藏　储（chǔ）量　金属（shǔ）

师：请各位同学自由朗读一遍。

（学生自由朗读）

师：接着来识记词语，这又是一种非常美妙的语言表达方式，都是四个字。同学们各自读一读，背一背。开始吧，读起来——

（屏幕显示，学生自由朗读）

波涛澎湃	窃窃私语	乌贼章鱼	多种多样
长途旅行	稀有金属	景色奇异	物产丰富

师：它们叫四字词语或者四字短语，"波涛澎湃"，读——

（学生齐读四字词语）

师：接着来书写生字，每一位同学都用书空的方式，或者在桌上书写的方式，把这些字词写一写，用手指画一画，老师会仔细观察大家的书写情况。

（屏幕显示，学生书写）

宁静	器官	海参	迅速	后退	煤铁

师：刚才这段时间，大家的手指都在工作，很好。最难写，笔顺、笔画不好把握的一个字就是"迅速"的"迅"。我们把"迅速"的"迅"写一遍，还要说它的笔顺。

（学生一边说笔顺，一边书空）

师：真好，读一遍。

（学生再次齐读）

师：还有一个任务，就是把课文中美好的句子背下来。刚才你们朗读的时候，这个地方读得最好听，现在，各自背诵——

（屏幕显示，学生背诵）

> 海底的动物常常在窃窃私语。你用水中听音器一听，就能听见各种声音：有的像蜜蜂一样嗡嗡，有的像小鸟一样啾啾，有的像小狗一样汪汪，还有的好像在打鼾……

师：好，要不要试着背一下？一齐来，"海底的动物"——

（学生齐背）

师：好，很不错。大家观察这一段话，"窃窃私语"就好像形容人在悄悄地说话一样，很明显的，这是一种拟人的写法。再看"能听到各种声音"，这是一个关键句，后面描写了各种声音。还有"有的……有的……有的……还有的……"，这种可以用来说话的语言形式，就叫句式。比如"有的同学……有的同学……有的同学……还有的同学……"，如果用这种句式说话，你就能把话说得很完整，很优美，很流畅，这就叫句式。好，再背一遍——

（学生再次背诵）

师：这个"有的……有的……有的……还有的……"句式，带有一种排比的感觉，还带有一点儿多角度描写的韵味。好，再读一遍——

（学生齐读）

师：真是越读越好听啊！"嗡嗡、啾啾、汪汪"这是叠词的运用，他们表现出我们朗读中的一种音乐的美感，大家来试一试，"嗡嗡、啾啾、汪汪"，说——

（学生说"嗡嗡、啾啾、汪汪"）

师：说得好听，谢谢同学们，大家刚才都很努力。我们认了字，识了词，写了生字，还背了一段话。接着，开始我们的第二个活动——默读课文，训练概说能力。也就是教同学们概说这篇文章写了什么。

（屏幕显示）

> 二、默读课文，训练概说能力
> 观察：说说课文是从哪几个方面介绍海底世界的。

师：请同学们观察，课文后面有一道很难的练习，就是"说说课文是从哪几个方面介绍海底世界的"，这道题该怎么答呢？老师告诉大家怎样来解决这个难题。现在请大家先把笔拿出来准备好，老师就要开始讲解啦。

（屏幕显示）

> 教你这样做：先圈出有关各段的关键词句，再将它们连起来说成一个句子。

师：看，先圈出有关各段的关键词句，再将它们连起来说成一个句子。比如课文是从这些方面来介绍海底世界的：第一方面，第二方面，第三方面，第四方面等。这样不就把问题很清楚地说明白了吗？老师强调一下：先圈出关键词句，再把它们连起来说成一个句子。

（屏幕显示）

> 示例：《海底世界》从光线……等方面描述和介绍了景色奇异、物产丰富的海底世界。

师：好，继续看，《海底世界》从"光线"……老师已经把第2自然段的一个关键词给你们点出来了，那就是"光线"，大家圈出来，"《海底世界》从光线……"后面还有什么呢？你们就一段一段地圈出关键词。

（学生动笔，圈关键词）

师：各自练习说话，我们再来请同学表达。先把这句话说清楚，每一个同学都根据自己圈出来的内容把这句话说清楚，句中那个省略号的内容，你要用关键词把它补充完整。下面开始各自学着说话。

（学生各自练习用关键词说话）

师：我们都在努力地锻炼自己。好，谢谢，请你把句子说完整。

生1：《海底世界》从光线、声音、动物的活动方法、海底的植物和海底的矿藏等方面，介绍了景色奇异、物产丰富的海底世界。

师：多能干哪，大家看，这样就能够用一个完整的句子来概说文章内容。用圈出的关键词句，并把它们连起来说成一句话的方式来概说课文，就是科学的学习方法。好，还有哪位同学来表达一下？

生2：我的答案跟他的差不多。我的答案也是：《海底世界》从光线、声音、海底动物的活动方法、海底的植物和海底的矿藏等方面，介绍了景色奇异、物产丰富的海底世界。

师：为什么答案是一样的呢？因为你们一样聪明，都很准确地把握了课文的关键词句。好吧，看看是不是这样的？读起来——

（屏幕显示，学生齐读）

> 《海底世界》从光线、声音、动物、植物、矿藏等方面描述和介绍了景色奇异、物产丰富的海底世界。

师：每一位同学都很棒。这样，我们就学会了一种方法，即怎样来概说文章大意，我们就解决了"说说课文是从哪几个方面介绍海底世界的"这样一个难题。

此外，老师补充了一句话，大家请看，补充的是哪一句话呀？

（屏幕显示）

> 《海底世界》从光线、声音、动物、植物、矿藏等方面描述和介绍了景色奇异、物产丰富的海底世界。重点介绍了海底动物。

生：重点介绍了海底动物。（齐说）

师：对，为什么呢？写海底动物的篇幅最长，描述最细腻，所以它就是重点介绍的内容，就是详写。其他的地方就是略写，比如课文中有一个地方就是略写的，描写的字数不多，但是内容很多，那就是"海底蕴藏着丰富的煤、铁、石油和天然气，还有陆地上储量很少的稀有金属"。这里就一句话带过，它和海底动物的描写相比，就显得比较简略了。好，我们再读一遍——

（屏幕显示，学生齐读）

> 《海底世界》从光线、声音、动物、植物、矿藏等方面描

67

> 述和介绍了景色奇异、物产丰富的海底世界。重点介绍了海底动物。

师：同学们，我们又学会了一招，有时候在概说课文内容的时候，我们可以强调哪个地方是重点，这样就能锻炼我们提取信息的能力。这就是我们提炼出来的关键句，它们把全文的内容都概括了，一齐读——

（屏幕显示，学生齐读）

> 你可知道，大海深处是怎样的吗？
> 阳光很难射进深海，水越深光线越暗。
> 海底的动物常常在窃窃私语。
> 海里的动物，各有各的活动方法。
> 海底植物的差异也很大。
> 海底蕴藏着丰富的矿藏。
> 海底真是个景色奇异、物产丰富的世界。

师：大家观察一下，首尾是照应的，再观察一下，写动物的是两个方面，因此它是重点说明的内容。现在请同学们把《海底世界》这篇文章最主要的内容再读一读——

（学生齐读）

师：第一句话，"你可知道大海深处是怎样的吗"用一个设问来引起你阅读的兴趣。"海底真是个景色奇异、物产丰富的世界"，"真是个"表现了作者喜爱、赞美的情感。

现在开始我们的第三个活动：品读课文，突破有关难点。我们来看课后练习二：在课文中找找下面的句子各在哪个自然段，说说相关段落是怎样把这个意思写清楚的。

（屏幕显示）

三、品读课文，突破有关难点

海里的动物，各有各的活动方法。

海底的植物差异也很大。

思考：有关段落是怎样把它们的意思说清楚的。

师："海里的动物，各有各的活动方法"，这句话在课文的第4自然段。"海底的植物差异也很大"，这句话在第5自然段。第4自然段、第5自然段就是我们要阅读的重点段落。这个思考题就是要训练、考查我们的阐释能力：说说这段话是怎样把这个意思写清楚的？你们愿不愿意尝试一下呀？

第4自然段是怎样把"海里的动物，各有各的活动方法"说清楚的？你们先尝试着解说一下，老师再告诉你们怎样说。请大家思考。

（屏幕显示，学生思考）

海里的动物，各有各的活动方法。

思考：有关段落是怎样把它的意思说清楚的。

师：老师很高兴，每一位同学都在认真思考。好，我看见你的小手举了一下。

生3：第4自然段用了做比较的修辞手法。"有一种鱼身体像梭子，每小时能游几十千米，攻击其他动物的时候，比普通的火车还快"，这里用了做比较的方法。"海参靠肌肉收缩爬行，每小时只能前进四米"，这里也用了做比较的方法，凸显了它活动起来很慢。

师：好，这位同学很大胆，她能够很明晰地表达自己的看法。我们现在需要知道课文是怎样把"各有各的活动方法"说清楚的。

老师来教同学们如何分析并说话。我们可以这样说话：围绕"各有各的活动方法"这个句子，文中首先说什么例子，其次说什么例子，再次说什么例子，最后说什么例子，这样就把"各有各的活动方法"说清

69

楚了。

好吧，按照老师的提示，请拿起笔，根据这个提示来圈画，再把这段话说完整。

（屏幕显示，学生圈画相关内容）

> 我们可以这样分析：围绕"各有各的活动方法"，首先说（　　）的例子，其次说（　　）的例子，再次说（　　）的例子，最后说（　　）的例子，这样就把"各有各的活动方法"说清楚了。

师：先说哪个例子呢？你要把它圈出来，再说一个例子，接着说下一个例子，最后说一个例子。

（屏幕显示，学生圈画相关内容）

> 海里的动物，各有各的活动方法。海参靠肌肉伸缩爬行，每小时只能前进四米。有一种鱼身体像梭子，每小时能游几十千米，攻击其他动物的时候，比普通的火车还要快。乌贼和章鱼能突然向前方喷水，利用水的反推力迅速后退。还有些贝类自己不动，但能巴在轮船底下做免费的长途旅行。

师：大家都很用心，有几位同学举手。你们先在座位上自己把这个句子说完整，然后再和同学们分享。

生4：围绕"各有各的活动方法"，首先说海参的例子，其次说梭鱼的例子，再次说乌贼的例子，最后说章鱼的例子，这样就把"各有各的活动方法"说清楚了。

师：因为是四样，四个例子，所以就是"各有各的方法"。好，说清楚了。

生5：围绕"各有各的活动方法"，首先说海参的例子，其次说梭鱼的例子，再次说乌贼和章鱼的例子，最后说贝类的例子，这样就把"各有各的活动方法"说清楚了。

师：同学们看，你们这个本领学得多好，只有这样才能把你们要说的话说清楚。文章一步一步地举例子，我们一步一步地把它们找出来，然后一步一步地表达出来。是不是这样的？大家看，海参、梭鱼、乌贼和章鱼，还有贝类，这是"各有各的活动方法"。好吧，读起来——

（屏幕显示，学生齐读）

> 围绕"各有各的活动方法"这个中心句，文中首先说（海参）的例子，其次说（梭鱼）的例子，再次说（乌贼和章鱼）的例子，最后说（贝类）的例子，这样就把"各有各的活动方法"说清楚了。

师：刚才学习的时候，大家都是同样的认真和投入。下面还有一个难题，文中说"海底的植物差异也很大"，第5自然段是怎样把这种差异说清楚的呢？

（屏幕显示）

> 海底的植物差异也很大。
> 思考：有关段落是怎样把它的意思说清楚的。

师："海底的植物差异也很大"，第5自然段是怎样把它的意思说清楚的？老师再教你们这样分析：围绕"差异很大"，文章先从什么方面举例对比说明，再从什么方面举例对比说明，这样就把"差异很大"说清楚了。

（屏幕显示）

> 教你这样分析：围绕"差异很大"，文章先从（　　）方面举例对比说明，再从（　　）方面举例对比说明，这样就把"差异很大"说清楚了。

71

师：各自看第5自然段。

（学生各自看第5自然段，分析，说话）

师：哎呀，你们一下子变得那么厉害了，不需要练习，一看课文，就能把它说清楚了，你来试一下。

生6：围绕"差异很大"，先从颜色方面举例对比说明，再从大小方面举例对比说明，这样就把"差异很大"说清楚了。

师：多好呀，谢谢你。好，请这位同学来试一下。

生7：文章先从颜色方面举例对比说明，再从大小方面举例对比说明，这样就把"差异很大"说清楚了。

师：啊，原来说"差异很大"是要对比说明的呀。"有褐色的，有紫色的，有红色的"，这是色彩的对比。"最小的单细胞海藻，要用显微镜才能看清楚。最大的海藻长达二三百米，是地球上最长的生物。"这也是对比说明。我们先把第5自然段读一读——

（屏幕显示，学生齐读）

> 海底的植物差异也很大。它们的色彩多种多样，有褐色的，有紫色的，还有红色的。最小的单细胞海藻，要用显微镜才能看清楚。最大的海藻长达二三百米，是地球上最长的生物。

师：好，我们看一看，读起来——

（屏幕显示，学生齐读）

> 我们可以这样分析：围绕"差异很大"，文章先从（色彩）方面举例对比说明，再从（大小）方面举例对比说明，这样就把"差异很大"说清楚了。

师：说差异，就得用对比的方法。同学们很准确地概括了"色彩"和"大小"这两个关键词，多好呀！这节课我们除了字词学习之外，还在阅读的本领上提高了一步。这篇课文告诉我们："设问"能够引领一篇文章或一个段落，我们课文的第一句话就是设问句，"你可知道大海深处是怎样的吗？"它就引领了整篇文章。有的设问是在一个段落前面的，它就引领一个段落。这就是一种阅读知识。我们还懂得了，围绕关键句，可以多角度举例说明，把一个意思说清楚，第4自然段就是这样。我们还知道了，"窃窃私语""巴在轮船上旅行"等，这些都是拟人的手法，是一种生动形象的表达。下面，我们读一读有关知识——

（屏幕显示，学生齐读）

①设问引领一篇文章或一个段落。
②围绕关键句，多角度举例说明。
③拟人手法，生动形象的表达。

师：第4自然段围绕关键句多角度举例说明，第5自然段也是。这节课上，同学们辛苦了，谢谢同学们！下课，同学们再见！

生：谢谢老师，老师再见！

教学赏析

这节课教学过程明晰，紧紧围绕单元语文要素的落实和课后习题展开教学，对学生进行了语言训练、阅读能力训练和知识训练。

这节课的教学思路所展示的是，三个呈"块"状的教学内容。一方面，它们着眼于学生的语言实践活动，着眼于每一"块"解决一个方面的学习内容或进行一个方面的学习活动，步步为营，有序延展，形成课文清晰明朗的教学过程。另一方面，"朗读课文，收获丰美语言——默读课文，训练概说能力——品读课文，突破有关难点"三个阶段在教学中彼此依存，缺一不可，组成了一个拾级而上的学习阶梯，表现出课堂教学中的鲜明节奏。

在老师的组织下，学生在课堂上充分占有时间，直接接触语文材料，进行语言学用的实践，每一个活动都有方法的指导，课文概说时"我们可以这样做"，突破难点时"我们可以这样分析"，学生在老师的指导下习得了方法，训练了能力，对学生的思维方式产生了影响。

教师关注对学生的集体训练，人人都要说，个个都要背，让不同层次的学生都能在这样的课堂上有实践的机会，都有学习的收获，让每一位学生都能切切实实地提升语文学习能力。

总之，这节课教学板块简明、实用、高效、雅致，课堂教学细节丰美。

|赏析| 内蒙古自治区包头市昆都仑区钢铁大街第四小学　周云

四年级

7. 这节课完成了"一课四练"的任务
——四上《繁星》课堂教学实录

时间：2021 年 9 月 26 日

地点：广东省东莞市厚街镇新塘小学

执教：余映潮

〉教学实录

师：同学们，现在我们开始学习课文《繁星》，大家把第一单元教学重点读一读——

（屏幕显示，学生齐读）

> 第一单元教学重点：边读边想象画面，感受自然之美。

师：了解作者，读——

（屏幕显示，学生齐读）

> 《繁星》作者巴金（1904—2005），四川成都人，作家、翻译家、社会活动家，被誉为"五四"新文化运动以来最有影响的作家之一，终生从事文学创作。

师：《繁星》是怎样写出来的呢？这篇文章写的是什么呢？读——

（屏幕显示，学生齐读）

> 《繁星》，选自巴金 1927 年初赴法国途中所写的《海行杂

记》。在对星空、繁星的细致描写中，作者表达了对恬（tián）静、美好生活的热爱。

师：好，把这一段话再读一读。"在对星空、繁星的细致描写中"，读——

（屏幕显示，学生齐读）

在对星空、繁星的细致描写中，作者表达了对恬静、美好生活的热爱。

师：这是作者在海上旅行的途中所写的一则随笔，我们也可以把它看成是游记。这是一篇略读课文，小小的美文。

（屏幕显示）

略读课文，小小的美文。

师：我们的学习活动是一课四练，大家要练四项本领。我们先把课文中的有关字词读一读，读准字音，读起来——

（屏幕显示，学生齐读）

纳（nà）凉   半明半昧（mèi）   摇摇欲坠（zhuì）

怀（huái）抱中

师：再读两遍，"纳凉"，读——

（学生再读两遍）

师：继续词语积累，大家看下面，都是关于写星星的词语、短语。

师："繁星，星天"，读——

（屏幕显示，学生齐读）

> 繁星，星天，密密麻麻的星星，星群密布，无数半明半昧的星星的怀抱。

师："无数半明半昧的星星的怀抱"（教师范读），大家要这样读。

（学生齐读）

师：再来一遍，读——

（学生再读一遍）

师：这样就读准确了，继续理解有关词义。读起来——

（屏幕显示，学生齐读）

> 密密麻麻：又多又密。
> 半明半昧：形容有时明亮，有时昏暗。
> 摇摇欲坠：形容晃晃悠悠，将要落下或倒塌。

师：反复读，再读一遍——

（学生再读）

师：现在，开始我们的第一次训练。老师说了，一课四练，这是第一次训练，练什么？练朗读的本领。我们来读课文，先请同学们各自轻声地朗读课文，不要齐读。为什么要各自轻声地朗读课文呢？晚上，在海上旅行，作者观看天上的繁星，是那样的可爱，半明半昧。啊，作者就感觉到自己睡在母亲的怀里了，所以要轻声地读，"我爱月夜，但我也爱星天"（教师范读），就这样读——

（屏幕显示，学生轻声朗读课文）

> 一、课文朗读
>
> ## 繁星
>
> 我爱月夜，但我也爱星天。从前在家乡七八月的夜晚，在

79

> 庭院里纳凉的时候,我最爱看天上密密麻麻的星星。
>
> 　　三年前,在南京我住的地方有一道后门,每晚我打开后门,便看见一个静寂的夜。下面是一片菜园,上面是星群密布的蓝天。星光在我们的肉眼里虽然微小,然而它使我们觉得光明无处不在。
>
> 　　如今在海上,每晚和繁星相对,我把它们认得很熟了。我躺在舱面上,仰望天空。深蓝色的天空里,悬着无数半明半昧的星。船在动,星也在动,它们是这样低,真是摇摇欲坠呢!渐渐地我的眼睛模糊了,我好像看见无数萤火虫在我的周围飞舞。海上的夜是柔和的,是静寂的,是梦幻的。我望着那许多认识的星,我仿佛看见它们在对我眨眼,我仿佛听见它们在小声说话。这时候我忘记了一切。在星的怀抱中我微笑着,我沉睡着。我觉得自己是一个小孩子,现在睡在母亲的怀里了。

师:老师在观察、在倾听,每位同学都很认真地在读课文,沉浸在课文的美好情景之中。

好,拿起笔,听老师读第1自然段。"我爱月夜,但我也爱星天。从前在家乡七八月的夜晚,在庭院里纳凉的时候,我最爱看天上密密麻麻的星星。"(教师范读)

刚才我读了一个很重要的词——"从前",大家把它圈下来,或者圈五个字"从前在家乡"。

(学生圈出词语)

师:你们看第2自然段和"从前"照应的那个关键词。

生:"三年前"。

师:对啦,圈出来,文章的时间顺序就出来了。从回忆写起,再继续回忆。第3自然段一个关键的短语是"如今在海上",从很小的时候,从很多年前想起对星星的喜爱开始,然后写三年前,再写现在,这就叫作有序地表达。把这几处关键词读一读,"从前"——

（学生齐读）

> 从前，三年前，如今在海上。

师：关键词出来了，顺序也就知道了。继续朗读，有感情地读好每一个句子，特别是要注意，表现对星星喜爱的句子要读出喜爱之情，读出自己能够抒发的情感。开始吧，各自读！

（学生自由朗读）

师：我们在这次朗读中，感受到三幅画面：一幅画面是写小时候的；一幅画面是写三年前的；一幅画面是写现在、在海上的。继续读，读出第3自然段的抒情味。现在拿起笔写四个字——写景抒情，这就叫写作艺术。

（学生做笔记）

师：作者不仅仅写星空，他边写星空，边抒发自己的情感。"我把它们认得很熟了。""我好像看见无数萤火虫在我的周围飞舞。""我望着那许多认识的星，我仿佛看见它们在对我眨眼，我仿佛听见它们在小声说话。这时候我忘记了一切。在星的怀抱中我微笑着，我沉睡着。我觉得自己是一个小孩子，现在睡在母亲的怀里了。"这是边写星星，边抒情，是写景抒情。现在我们来读第3自然段，读出抒情的味道，"如今在海上"，读——

（学生很有感情地读第3自然段）

师：读得好听，《繁星》是写景抒情的文章，每一个句子都有抒情的味道，特别是第3自然段。刚才我们接受了朗读训练，现在第二次训练来了——美感体味。这篇文章很美，美在哪里呢？同学们的任务是：体味课文的美感，自由发现并阐释。

（屏幕显示）

> 二、美感体味
>
> 话题：同学们体味课文的美感，自由发现并阐释——

> 比如课文的标题美，课文的层次美，课文的画面美……

师：老师举例说明课文的标题美。"繁星"两个字，写出了星星之多，给我们以画面的感觉；它笼罩全文，全文都照应着"繁星"二字来描述，所以本文的标题美。这个时候，你们不就应该把标题圈出来吗？对。我们再来看层次美，刚才我们已经感受到了"从前""三年前""如今在海上"的美好层次。我们接着看画面美，我们在朗读中就能感受到作者对星星的观察，每一次观察都引出对画面的描述。好吧，先把这几个字批注在课本上：标题美，层次美，画面美。

（学生批注）

师：现在请同学们思考，你认为还有哪些美呢？

（学生静读课文）

师：观察课文，发现你认为写得美的地方。

生1：词语美。

师：词语美，请举例说明你这个观点。

生1：我觉得"半明半昧"这个词好。

师：写星星有的明亮，有的不太明亮，作者用的是"半明半昧"，这四个字有音节之美，读起来也好听。

生2：句子美。

师：句子美！多聪明啊，他说了"词语美"，你说"句子美"，几乎每一个句子都是很美的，谢谢！

生3：图画美。

师：图画美，画面美！在作者的笔下展现了一幅一幅的画面，都是与星星有关的画面，有童年生活的画面，有几年前的画面，有现在海上旅行时观察到的画面。这几位同学不简单。

生4：标题美。

师：标题美，老师说过了，你要有另外的发现。比如详略美，看出来没有？详略美，第1自然段很简略吧，第2自然段也很简略吧，第3

自然段呢?

生5：详写。

师：详略有致，这就是一种美感。

生6：心情美。

师：心情美，这个词用得好，这是一种惬意的、恬美的心情。这么多星星围着"我"，"我"喜欢它们，它们对"我"眨眼。星星就好像母亲的怀抱，使"我"觉得安宁、幸福，"我"好像在妈妈的怀里睡着了。这就是抒情吧！刚才有几位同学说了美感，其实说得很好。我们来看一看课文之美，读起来——

（屏幕显示，学生齐读）

> 课文之美：标题美，层次美，顺序美，详略美，画面美，动静美，语言美，线索美，抒情美……

师：同学们刚才做了三个方面的笔记，现在继续做笔记——记在课本上。

（学生各自做笔记）

师："详略美"，老师刚才讲了，第1~3自然段的详略不同。"画面美"，大家都知道了。"动静美"，有静景，有动景，这个"动"和"静"，三年级的时候你们就已经学过了。语言美，线索美，抒情美。线索是什么呢？就是星星，每一段都写星星，星星就是贯穿全文的线索。当然还有一条线索，就是"我"的爱，"我"喜爱星星。抒情美，整篇文章都有抒情的味道。

（屏幕显示）

> 课文之美：叙议结合，写景抒情

师：这篇文章最美之处，就是"叙议结合，写景抒情"。把这八个字批注在课文标题旁边。

（学生批注）

师：什么叫"叙"呢？就是写事、写故事。有了"叙"之后，就表达自己的看法，抒发自己的情感，这就叫"叙议结合"。整篇文章大量地写景、写星空，边写星空边抒情，这就是"写景抒情"。把这个"景"换一下，还可以是"写物抒情""写人抒情"，这都叫作写作的技法、艺术。刚才这个活动中，我们欣赏了课文的美感，现在第三次训练来了——趣味写话。

（屏幕显示）

> 三、趣味写话
>
> 话题：夏天，晴朗的夜晚，仰望天空……
>
> 建议：组合课文中写星星的词句，接着写一段话。

师：请同学们把课文中写星星的词句整合一下，然后接在后面写句子。夏天，晴朗的夜晚，仰望天空……你会看见……你会感觉到……这些内容都在课文中。老师现在观察你们，每个人都要动笔写作。

（学生动笔写作）

师：请大家停笔，我们开始表达，把你写的内容朗读给大家听。

生7：夏天，晴朗的夜晚，仰望天空，你会看见天空上满是星星，它们密密麻麻的，有的星星一直亮，有的星星一直暗，所以，有个词语叫作"半明半昧"。还有的星星像掉下来似的，它们就是摇摇欲坠呢。

师：好。你的表达中运用了第二人称。其实用第一人称，"我看见了……"，会更有情景感。

生8：夏天，晴朗的夜空，仰望天空，繁星无处不在，它们是那样低，真是摇摇欲坠，它们仿佛在眨眼睛，在小声说话。

师：多好哇，语言非常优美的小文章。这位同学的朗读也很流畅。

生9：夏天，晴朗的夜空，仰望天空，无数半明半昧的星星挂在深蓝色的天空中，天空是柔和的，是寂静的，是梦幻的。

师：这个句子，形成了排比的态势，而且写出了星空的色彩，运用了四字短语。

生10：深蓝色的天空上，悬挂着无数发亮的星星，密密麻麻地铺满了天空，明亮而又美观。

师：美好，给人很恬静的感觉。你的结尾还可以抒情："我是多么喜欢这美丽的星空啊！"

生11：夏天，晴朗的夜晚，仰望天空，看见密密麻麻的星星，有的半明半昧，有的摇摇欲坠，有的好像无数萤火虫在我周围飞舞。晴朗的夜晚是柔和的，是静寂的，是梦幻的。

师：用了反复句"有的……有的……还有的……"，而且有了最后一个部分的感触。大家看，我们学语言，就是要这样学，就是要在课文里面寻觅最优美的、最值得我们学用的词句来表达。好，读起来——

（屏幕显示，学生齐读）

> 夏天，晴朗的夜晚，我最爱看天上密密麻麻的星星。
> 那是星群密布的蓝天；深蓝色的天空里，悬着无数半明半昧的星。
> 它们是这样低，真是摇摇欲坠呢！
> 我好像看见无数萤火虫在我的周围飞舞，我仿佛听见它们在小声说话。
> 这时候我忘记了一切，在星的怀抱中我微笑着……

师：在这个活动中，老师告诉了你们最实在的学习方法——把课文中的美句抄一抄，整合出来，这个过程就是学习的过程。现在我们已经完成了三项任务，还要完成最后一项任务。什么任务呀？精段背诵。应该背诵哪一个段落呢？

生：第3自然段。

师：真聪明。背起来吧！

（学生齐背）

师：最好是各自背诵。

85

（学生各自背诵）

师：好的，谢谢大家的努力，每一位同学都在认真地背诵。这一段是详写：画面之美、动态之美、色彩之美、写景抒情之美，最重要的是四个字"写景抒情"。背，"如今在海上"——

（屏幕显示，学生读背）

四、精段背诵

如今在海上，每晚和繁星相对，我把它们认得很熟了。我躺在舱面上，仰望天空。深蓝色的天空里，悬着无数半明半昧的星。船在动，星也在动，它们是这样低，真是摇摇欲坠呢！渐渐地我的眼睛模糊了，我好像看见无数萤火虫在我的周围飞舞。海上的夜是柔和的，是静寂的，是梦幻的。我望着那许多认识的星，我仿佛看见它们在对我眨眼，我仿佛听见它们在小声说话。这时候我忘记了一切。在星的怀抱中我微笑着，我沉睡着。我觉得自己是一个小孩子，现在睡在母亲的怀里了。

师：很了不起，大家基本上都背下来了，还有的同学是全部背下来了。

（屏幕显示）

略读课文，一课四练。

师：同学们，我们这一节课完成了"一课四练"的任务，谢谢大家的努力。下课！同学们再见！

生：谢谢老师，老师再见！

教学赏析

《繁星》一文的教学让我们享受到余老师教学风格的丰盈与美好，感受到课堂的充实与真诚。

　　余老师像一名高明的魔法师，把学生引入有魔力的文字世界；孩子们带着喜悦的情感朗读、探知、发现，在神奇妙境中畅游，仿佛置身其中，享受夜空繁星的沐浴，感受似母亲怀抱般的温暖。

　　创意之美在于一课四练，层层铺展；读思说写背，步步为营，逐层训练；"板块式"教学思路由朗读、赏美、写话、背诵构成，每个教学板块都由一个主问题进行活动引领，水到渠成，浑然天成。

|赏析|　安徽省淮南市潘集区实验中学　冯燕

8. 非常有趣的文意概说活动
——四上《呼风唤雨的世纪》课堂教学实录

时间：2019 年 11 月 29 日

地点：江苏省苏州外国语学校

执教：余映潮

教学实录

师：同学们，这节课我们学习科学说明文《呼风唤雨的世纪》，请大家在课文大标题旁边批注"科学说明文"。

（屏幕显示"科学说明文"五个字，学生在书上批注）

师：开始我们的课堂训练活动。这篇课文有很多旁批，其实都是比较简单的。我们今天学习的内容更有深度，更加有趣。20 世纪是一个呼风唤雨的世纪。那么，什么是 20 世纪呢？读一读——

（屏幕显示，学生齐读）

> 1901 年 1 月 1 日至 2000 年 12 月 31 日的这一百年被称为 20 世纪。

师：我们现在生活在 21 世纪。"作者，路甬祥"，读——

（屏幕显示，学生齐读）

> 作者，路甬（yǒng）祥，曾任中国科学院院长。

师：啊，作者是大科学家。

（屏幕显示）

> 学不完的知识点。

师：这篇课文有学不完的知识点，倒不是文中所说的科技知识，更重要的是文章的知识，语文的知识。本课有四个活动，大家来读一读——

（屏幕显示，学生齐读）

> 一、识记丰美词句。
> 二、概说课文内容。
> 三、积累写法知识。
> 四、读背精彩组合。

师：开始丰美词句的识记。第一组的字音、字形，读起来——

（屏幕显示，学生齐读）

> 一、识记丰美词句
> 1.字音字形
> 依赖（lài）　潜（qián）入　奥（ào）秘　船舶（bó）

师：注意"潜（qián）入"有人读成"潜（qiǎn）入"，那就错了。"奥秘"的"奥"上半部分的下方是不封口的，我们常常写错，还有的学生把这个"秘"写成"密切"的"密"，也是错的。好，再读——

（学生再次齐读）

师：继续，读好生动雅词，也就是带有书面语意味的词，读起来——

（屏幕显示，学生齐读）

> 2.生动雅词
> 洞察：很清楚地观察。

89

> 寄托：把理想、希望、感情等放在某人身上或某种事物上。
> 奥秘：深奥的尚未被认识的秘密。
> 日益：一天比一天更加。

师：读得好听，继续。必知含义，就是有些词语、短语的意思我们是一定要了解的。好，读起来——

（屏幕显示，学生齐读）

> 3. 必知含义
> 呼风唤雨：比喻能够支配自然或左右某种局面。
> 千里眼：旧小说中指能看到很远地方的人。旧时称望远镜。
> 顺风耳：旧小说中指能听到很远声音的人，也指消息灵通的人。旧式话筒，用铜管接成，嘴接触的地方小，末端大。
> 腾云驾雾：传说中指利用法术乘云雾飞行。形容奔驰迅速或头脑迷糊，感到身子轻飘飘的。
> 忽如一夜春风来，千树万树梨花开：比喻无限美好的事物一下子涌现出来。

师："千里眼""顺风耳"都很形象，其实我们用这些比喻已经难以形容现代科技水平了，特别是因特网、网络导航等。文中最美的一句话使用了引用手法，引用古诗来表现科技的蓬勃发展和成果的丰富。再读"忽如"——

（学生齐读）

> 忽如一夜春风来，千树万树梨花开：比喻无限美好的事物一下子涌现出来。

师：第四组，不同组合。"发现"和"发明"是一组，"改观""改变"和"改善"是一组，它们都出现在这篇课文里面。还有，带有科技内涵的词语"光年""天体""原子核""因特网"，还有课文中的四字短语。好，读一读——

（屏幕显示，学生齐读）

> 4.不同组合
> 近义词组：发现、发明；改观、改变、改善。
> 科学词语：光年、天体、原子核、因特网。
> 四字短语：呼风唤雨、出乎意料、腾云驾雾、归根到底。

师：一篇小小的文章，字词学习的内容就这么丰富。下面我们开始第二个活动——概说课文内容，这是一个非常有趣的活动。

（屏幕显示）

二、概说课文内容

师：请同学们从课文中画出两个句子，你只要选两个句子，就能很好地概说这篇文章的主要内容。好吧，大家来观察课文。

（屏幕显示）

> 学法实践：请同学们从课文中画出两个句子，概括这篇文章的主要内容。

（学生读课文并画句子）

师：有两个句子是特别重要的，我想大家都应该知道，它们简明、简洁，重点突出，引领全文。

（学生长时间读课文并画句子）

师：请这样说话——我用这样两个句子概括全文内容，然后再把这两个句子读出来。

生1：我用这两个句子概说全文内容——"20世纪是一个呼风唤雨的世纪。""在新的世纪里，现代科学技术必将继续创造一个个奇迹，不断改善我们的生活。"

师：嗯，多好呀。第一个句子把全文最重要的内容说出来了，第二个句子是展望科学发展的美景啊！

生2：我用这样两个句子来概括课文的主要内容——"20世纪是一个呼风唤雨的世纪。""科学在改变着人类的精神文化生活，也在改变着人类的物质生活。"

师：第一个句子概括地说明20世纪的科技发展，第二个句子提示它的重要意义。这位同学的概括也是很好的。

生3：我用这两个句子来概括——"人们只能在神话中用'千里眼''顺风耳'和腾云驾雾的神仙，来寄托自己的美好愿望。""我们的祖先大概谁也没有料到，他们的那么多幻想在现代纷纷变成了现实。"

师：喔，这两个句子似乎没有很准确地概括课文的主要意思哦。

生4：我用这两个句子来概括全文——"20世纪是一个呼风唤雨的世纪。""回顾20世纪的百年历程，科学的确创造了一个又一个神话，为人类创造了比以往任何时代都要美好的生活。"

师：嗯，很好的组合。第一句话是概说科技成就，第二句话是提示它为什么有这么高的成就。

生5：我用这两个句子来概括文章的主要内容——"20世纪是一个呼风唤雨的世纪。""正是这些发现和发明，使人类的生活大大改观，其改变的程度超过了人类历史上百万年的总和。"

师：好哇！先概说20世纪，然后和过去的世纪相比较。这就是这篇课文的美妙。它可以让我们组合很多句子来概括全文，而且都是言之成理的。我们读一读吧——

（屏幕显示，学生齐读）

概括一

20世纪是一个呼风唤雨的世纪。

科学在改变着人类的精神文化生活，也在改变着人类的物质生活。

概括二

20世纪是一个呼风唤雨的世纪。

人类利用现代科学技术获得了那么多奇迹般的、出乎意料的发现和发明，使人类的生活大大改观，其改变的程度超过了人类历史上百万年的总和。

概括三

20世纪是一个呼风唤雨的世纪。

科学的确创造了一个又一个神话，为人类创造了比以往任何时代都要美好的生活。

师：嗯，答案都在同学们的概括之中。还有吗？看一看，读起来——
（屏幕显示，学生齐读）

概括四

20世纪是一个呼风唤雨的世纪。

20世纪的成就，真可以用"忽如一夜春风来，千树万树梨花开"来形容。

师：这样的概括太精致了！读起来也很美好！再读一遍，有感情地朗读。

（教师声情并茂地示范，学生富有感情地朗读）

师：大家概括得都很精美，谢谢。下面，开始我们的第三个活动——写法知识。这就要我们去发现了。

（屏幕显示）

三、积累写法知识

师：第三个活动是积累写法知识。这篇科学说明文有丰富的表现手法。探究话题：我发现的一点写法知识。

（屏幕显示）

探究话题：我发现的一点写法知识。

师：我提示一下，比如"20世纪是一个呼风唤雨的世纪"，它在全文中的作用是什么呢？找出答案，你就可以发现它的写法知识了。比如"是谁来呼风唤雨呢"，这肯定是一个写法知识。还比如"真可以用'忽如一夜春风来，千树万树梨花开'来形容"，它又是一种写法知识。好吧，拿起笔，读课文，思考，在你发现的地方批注。过一会儿，你们就介绍自己发现的写法知识。请同学们用3分钟静读、思考、批注。

（屏幕显示，学生长时间默读课文并批注）

生6：我画的是这一句——"那时没有电灯，没有电视，没有收音机，也没有汽车。"这里用了四个"没有"，突出了强调的语气。如果说成"那时没有电灯、电视、收音机和汽车"，就是很平淡的一句话。

师：嗯，好！四个"没有"形成一种排比的句式，表示强调。我们还要看到这个"强调"的背后，其实还暗含着和现代科技生活的对比。好吧，请批注"排比、对比"。

（学生做笔记）

师：这个细节就很生动了，而且言简意赅，"没有电灯，没有电视，没有收音机，也没有汽车"，十几个字，就把对比的意图表现得非常鲜明。因为对比，所以就更好地衬托了现代科技生活的美好。

生7：我画的句子是——"靠什么呼风唤雨呢？靠的是现代科学技术。"这里用了一个反问句，强调"靠的是现代科学技术呼风唤雨"。

师：好哇！这叫设问，先提问，然后引出后面的内容。你看，是谁来呼风唤雨呢？当然是人类。这样就把后面的内容讲清楚了。这叫用设问来引领说话的内容。老师常常问："同学们，你们想知道什么呢？让我来告诉你们吧！"就是用设问引起大家的注意，然后把事情说清楚。这又是一种写作的手法。

生8：我画的内容是第4自然段的第1句——"20世纪，人类登上月球，潜入深海，洞察百亿光年外的天体，探索原子核世界的奥秘；20世纪，电视、程控电话、因特网以及民航飞机、高速火车、远洋船舶等，日益把人类居住的星球变成联系紧密的'地球村'。"从这里的很多个顿号和一个分号看出来，这是一个排比句。

师：嗯，非常好。"20世纪，人类登上月球，潜入深海，洞察百亿光年外的天体，探索原子核世界的奥秘；20世纪，电视、程控电话、因特网以及民航飞机、高速火车、远洋船舶"，这叫密集地用例，就是用很多很多的例子来说明科学的发展，这是非常高明的手法，同样言简意赅。如果我们写作很拖沓的话，就会把一个例子写得很长很长，那样读起来就没有味道了。这里的朗读之所以会让我们觉得兴奋，让我们觉得激动，那是因为它使用了密集举例的方法。

生9：我画的句子是——"20世纪的成就，真可以用'忽如一夜春风来，千树万树梨花开'来形容。"从"忽如一夜春风来，千树万树梨花开"可以看出，科学说明文还会用到引用古诗的手法。

师：哦，既是引用，又是比喻，用这美好的引用和比喻来形容科技的迅速发展和成果的众多。

生10：我想补充刚才那个同学的发言，"20世纪，人类登上月球，潜入深海，洞察百亿光年外的天体，探索原子核世界的奥秘；20世纪，电视、程控电话、因特网以及民航飞机、高速火车、远洋船舶等，日益把人类居住的星球变成联系紧密的'地球村'。"我的批注是：这里体现出现代科学技术很发达，和以前的科学技术做了对比。

师：嗯，很好，这里暗含着对比。而且你刚才读的这两句话，它是分类说明。第一类，是宏大的事物：登上月球，潜入深海，洞察百亿光年外的天体……第二类呢？电视、程控电话、因特网、民航飞机……这些是比较细微的事物。所以分类的特点在这里表现得也很鲜明。同学们的发现都很有价值呀。

生11："人们只能在神话中用'千里眼''顺风耳'和腾云驾雾的神仙，来寄托自己的美好愿望""20世纪，人类登上月球，潜入深海……"，这里把古代和现代做了对比，写出了20世纪有很多发现和发明。

师：同时，这也是很有深度的比喻，"千里眼""顺风耳""腾云驾雾"等表现人们对未来生活的向往。下面，我们拿起笔，记录美好的知识。这篇小小的文章的写作手法、表现手法极为丰富。

（屏幕显示，学生做笔记）

> 1.总说句，中心句

师：本文中的写作知识很多。第一项知识是总说句、中心句引领全文。你们一定知道这个总说句、中心句是——

生："20世纪是一个呼风唤雨的世纪"。（齐说）

师：对！"20世纪是一个呼风唤雨的世纪"，它总领全文，全文所有的内容都是围绕着这个中心句展开的。请批注"总说句、中心句"。这是全文的总说句、中心句。所以，我们用这个句子就足以概括全文内容。

（屏幕显示，学生做笔记）

> 2.设问引领篇或段

师：第二项知识是设问引领一篇文章或一个段落。是谁来呼风唤雨呢？这叫设问引领。你们到了初中要学《中国石拱桥》，"为什么我们中国石拱桥的成就这么大呢"，后面就解说成就大的原因，用设问来引领，设问引领篇和段。以后看到这样的形式，你就知道这叫设问引领一段，或者设问引领一篇。你们的哥哥、姐姐在四年级的时候读过一篇文章叫《生命，生命》，它的第一句话就是"生命是什么呢"，后面就写作者对生命的理解，就是用设问引领一篇文章。

（屏幕显示，学生做笔记）

3. 对比表达

师：第三项知识是对比表达。对比，刚才不少同学都品析到了。对比是令这篇文章深刻的最重要的写作手法之一，文中有很明确的对比，也有暗含的对比，对比的手法是很丰富的。

（屏幕显示，学生做笔记）

4. 引用手法

师：第四项知识是引用手法。引用"千树万树梨花开"这么美好的诗句，还引用罗素的语录"归根到底，是科学使得我们这个时代不同于以往的任何时代"，这句话到现在仍然适用，用引用手法来增加科学说明文说明的力量和文字的优美。

（屏幕显示，学生做笔记）

5. 段末评议、抒情

师：第五项知识是段末评议、抒情。就是一个自然段写完了，作者再把自己的情感抒发出来。比如第3自然段"我们的祖先大概谁也没有料到，在最近的一百年中，他们的那么多幻想纷纷变成了现实"等，这就是段末的议论、抒情。第4自然段也是这样，最后一段也是这样。所以，你要说明一件事物，在说明了一段文字之后，可以表达自己的情感和观点。

（屏幕显示，学生做笔记）

> 6. 展望式结尾

师：第六项知识是展望式结尾。很多作家在写科学说明文时特别喜欢用这种方法，它是极其重要的写作知识。本文写的是 20 世纪，那么在结尾时就展望未来的 21 世纪、22 世纪等。作者在最后一句话中说，"在新的世纪里，现代科学技术必将继续创造一个个奇迹，不断改善我们的生活"，这就是展望新的世纪。所以说，这篇文章里面真是有学不完的知识呀——

（屏幕显示，学生齐读）

> 本文中的写作知识
> 1. 总说句，中心句。
> 2. 设问引领段或篇。
> 3. 对比表达。
> 4. 引用手法。
> 5. 段末评议、抒情。
> 6. 展望式结尾。

师：好，谢谢同学们努力的学习。我们还有一项任务——读背。怎样读背呢？精彩组合。把这篇课文中最精彩的几个句子或者一个段落组合起来。

（屏幕显示）

> 四、读背精彩片段
> 学法实践：精选句段，组成微文。

师：老师告诉大家可以这样来写。

（屏幕显示）

> 20世纪是呼风唤雨的世纪。
> 这是文章的第1自然段，是微文的中心句、总说句。
> 再选一个说明段、议论句或抒情句。
> 于是，你的笔下就会出现一篇精短的美文。

师：首先，选中心句。"20世纪是呼风唤雨的世纪"这是文章的第1自然段，是微文的中心句、总说句。其次，选一个说明句，很重要的一个说明句，是表现20世纪的伟大科学成就的。再次，选一个议论句或者一个抒情句来收束。于是，你的笔下就出现了一篇精美的短文。

（学生思考，教师巡视）

生12：我选的中心句是——"20世纪是一个呼风唤雨的世纪。"我选的说明句是——"20世纪，人类登上月球，潜入深海，洞察百亿光年外的天体……"我选的抒情句是——"在新的世纪里，现代科学技术必将继续创造一个个奇迹，不断改善我们的生活。"

师：啊，多美呀！首先有说明，然后有介绍，最后有展望。

生13：我选的第一个句子是——"20世纪是一个呼风唤雨的世纪。"（师：好）第二个句子是——"人类生活的舒适、方便，是连过去的王公贵族也不敢想的。"（师：嗯，对比）第三个句子是——"在新的世纪里，现代科学技术必将继续创造一个个奇迹，不断改善我们的生活。"（师：好，展望）

师：看看老师选的，把"优美"两个字表现出来。读起来——

（屏幕逐段显示，学生齐读）

> 20世纪是呼风唤雨的世纪。
> 20世纪，人类登上月球，潜入深海，洞察百亿光年外的天体，探索原子核世界的奥秘；20世纪，电视、程控电话、因特网以及民航飞机、高速火车、远洋船舶等，日益把人类居住的

99

星球变成联系紧密的"地球村"。

20世纪的成就，真可以用"忽如一夜春风来，千树万树梨花开"来形容。

科学在改变着人类的精神文化生活，也在改变着人类的物质生活。

师：总说，举例，用引用诗句的手法来评价，提示科学的意义和科学发展的意义。大家看这一段话，有关内容可不可以移动一下位置呢？

（教师手指课件上的文字"20世纪的成就，真可以用'忽如一夜春风来，千树万树梨花开'来形容"，学生思考）

师：难道一定要放到这儿吗？再看，读起来——

（屏幕显示调整顺序后的微文，学生齐读）

20世纪是呼风唤雨的世纪。

20世纪的成就，真可以用"忽如一夜春风来，千树万树梨花开"来形容。

20世纪，人类登上月球，潜入深海，洞察百亿光年外的天体，探索原子核世界的奥秘；20世纪，电视、程控电话、因特网以及民航飞机、高速火车、远洋船舶等，日益把人类居住的星球变成联系紧密的"地球村"。

科学在改变着人类的精神文化生活，也在改变着人类的物质生活。

师：这样也是言之成理的。所以，我们可以灵活地运用美好的语言材料来组成不同的文章结构。再看，换材料。

（屏幕显示）

20世纪是呼风唤雨的世纪。

> 　　20世纪，人类登上月球，潜入深海，洞察百亿光年外的天体，探索原子核世界的奥秘；20世纪，电视、程控电话、因特网以及民航飞机、高速火车、远洋船舶等，日益把人类居住的星球变成联系紧密的"地球村"。
> 　　人类生活的舒适、方便，是连过去的王公贵族也不敢想的。
> 　　科学在改变着人类的精神文化生活，也在改变着人类的物质生活。

师：第一句是中心句，然后具体说明，（教师手指课件上的文字"人类生活的舒适、方便，是连过去的王公贵族也不敢想的"）第三句话用了对比手法。大家读起来——

（学生齐读）

> 　　人类生活的舒适、方便，是连过去的王公贵族也不敢想的。

师：有了这一笔之后，微文增加了深度。最后一句再来评价它的意义，这种结构也是很美好的。还可以变化吗？

（屏幕显示）

> 　　20世纪是呼风唤雨的世纪。
> 　　20世纪，人类登上月球，潜入深海，洞察百亿光年外的天体，探索原子核世界的奥秘；20世纪，电视、程控电话、因特网以及民航飞机、高速火车、远洋船舶等，日益把人类居住的星球变成联系紧密的"地球村"。
> 　　人类生活的舒适、方便，是连过去的王公贵族也不敢想的。

101

> 在新的世纪里，现代科学技术必将继续创造一个个奇迹，不断改善我们的生活。

师：哦，最后一句话又变了。最后一句话变成了展望。那么，如果我们再变化，就是首先说中心句，其次引用诗句描述，再次是说明，最后是展望。这就是本文的美妙之处，可以由各种各样美妙的句子组合而成。所以别看小小的文章，它的奥妙、奥秘是无穷的。好吧，我们选一种来读一读，背一背。选哪一种呢？我觉得下面这种是比较好的，我们各自读起来，背一背——

（屏幕显示，学生长时间读背）

> 20世纪是呼风唤雨的世纪。
>
> 20世纪的成就，真可以用"忽如一夜春风来，千树万树梨花开"来形容。
>
> 20世纪，人类登上月球，潜入深海，洞察百亿光年外的天体，探索原子核世界的奥秘；20世纪，电视、程控电话、因特网以及民航飞机、高速火车、远洋船舶等，日益把人类居住的星球变成联系紧密的"地球村"。
>
> 科学在改变着人类的精神文化生活，也在改变着人类的物质生活。

师：好，谢谢大家，读得真好听。现在我们来观察它的结构：中心句——美妙的形容——大量举例——评价。

（学生再次齐读）

师：这篇课文的学习给我们带来的感受是，小小的课文中也有学不完的知识点呀！谢谢同学们，我们要学会创造性地学习课文，并且收获其中的精华。大家已经做到了。好，下课。同学们再见！

生：老师再见！

> **教学赏析**

　　这是一个教师巧妙利用课文、多角度发掘教学资源的经典案例；这是一个学生活动充分、收获丰富的美妙课堂。教学围绕"这篇课文里有学不完的知识点"展开，活动有角度，内容有深度，赏析有梯度，创意有新度。

　　识记丰美词句，分类推送，扎实高效。

　　概说课文内容，学法实践，授人以渔。

　　积累写法知识，话题探究，培养能力。

　　读背精彩组合，微文创写，凸显语用。

　　我特别喜欢余老师课堂教学中的"一点"之美，如"我发现的一点写法知识"，它打消了学生的畏难情绪，引导学生很快发现了文中的比喻、排比、引用、对比、设问等写法之妙，随后老师随机补充密集用例、中心句（总说句）、段末评议抒情、展望式结尾等新鲜手法。老师讲在学生无法发现的地方，真正做到了"不愤不启，不悱不发"。

　　课堂呈现出一种动静相宜、快慢有致、读写结合的从容雅致之美。

|赏析| 江苏省苏州市相城区苏城外国语学校　白杨

9. 最让我们感到神奇的地方就是"细丝"
——四上《爬山虎的脚》课堂教学实录

时间：2021年9月23日

地点：广东省东莞市大朗镇中心小学

执教：余映潮

教学实录

师：同学们，请大家打开课本，翻到《爬山虎的脚》这篇课文。我们开始课文学习，先把第三单元教学重点读一读——

（屏幕显示，学生齐读）

> 第三单元教学重点：体会文章准确生动的表达，感受作者连续细致的观察。

师：《爬山虎的脚》是作者的一则观察笔记，一篇生动的说明性文章。我们这节课的活动是——

（屏幕显示，学生齐读）

> "八个字"的活动：牢记，趣说，精读，巧写。

师：好，把课文读一读。朗读课文后，我们就会知晓课文的大意，然后再进行具体的训练活动。好吧，各自朗读《爬山虎的脚》，老师会仔细倾听大家的朗读，开始——

（学生各自朗读课文）

师：谢谢大家，每位同学都很用心。爬山虎是一种植物，为什么叫"爬山虎"呢？它的"脚"很厉害，能够爬墙，因此叫爬山虎。现在开始我们的第一个活动——牢记。请同学们认真地读写，首先要读准字音——

（屏幕显示，学生齐读）

一、牢记

嫩(nèn)红　空隙(xì)　茎(jīng)　叶柄(bǐng)
蜗(wō)牛　弯曲(qū)　蛟(jiāo)龙　爪(zhuǎ)子

师："爪子"，读的时候要读"爪(zhuǎ)子"，不能读"爪(zhǎo)子"。好，再读，快速地读。

（学生再次朗读）

师：还要注意会写的字。同学们在本子上把这几个字写一写。

（屏幕显示，学生书写）

嫩　舒　叠　隙　漾　蜗　茎　柄　蛟　萎

师："隙、漾、蜗、茎、柄、蛟、萎"，这是课文中要会写的字。接着学习要理解的词。我们把词义的解释读一读——

（屏幕显示，学生齐读）

茎：植物体的一部分，下部和根连接，上部一般都生有叶、花和果实。

叶柄：叶的组成部分之一，连接叶片和茎，长条形。

触角：昆虫、软体动物或甲壳类动物的感觉器官之一，生在头上，一般呈丝状。

巴住：紧贴住，紧"抓"住。

萎：（植物）干枯。

师：这篇文章中最有意思的一个字就是"巴"，爬山虎的脚能够巴住墙，"巴住"这个词很口语化，非常形象，就是紧紧地抓住的意思。好，再读——

（学生再次朗读）

师：还有我们要会背诵的句子——

（屏幕显示，学生齐读）

> 那些叶子绿得那么新鲜，看着非常舒服。叶尖一顺儿朝下，在墙上铺得那么均匀，没有重叠起来的，也不留一点儿空隙。一阵风拂过，一墙的叶子就漾起波纹，好看得很。

师：注意这里，"看着非常舒服"是这个片段的中心句。为什么"看着非常舒服"呢？哦，是这样的，"叶尖一顺儿朝下，在墙上铺得那么均匀""一阵风拂过，一墙的叶子就漾起波纹"。好吧，各自把这一小段背下来。

（学生各自背诵）

师：好，大家再观察，这个片段有中心句，有描写句，有静态的描写，有动态的描写，还有评价语"好看得很"。小小的语段居然写得这么优美。一齐来背诵——

（学生一齐背诵第2自然段）

师：好，以上是我们的第一个活动——牢记。现在开始我们的第二个活动——趣说。老师给一个话题，请你们根据课文内容说几句话，可以说两句，也可以说三句、四句，或五句。好，先自己练习说话。

（屏幕显示，学生各自练习）

> 二、趣说
>
> 请你根据课文内容说几句话：
>
> 爬山虎的脚，_____。比如爬山虎的脚长在茎上，长在茎的长叶柄的地方；爬山虎的脚……

师：好，说话的声音大起来、响亮起来。请大家把课文中写爬山虎的脚的重要句子集中背下来，开始大声地自我练习。

（学生各自练习）

师：好，现在请几位同学来说说。要求准确流畅，不看书。

生1：爬山虎的脚可以巴住任何地方，可以巴住墙，也可以巴住小院的篱笆，更可以巴住"我"家的房子。

师：好。你的话题很集中，就是强调一个"巴"字，爬山虎的脚太神奇了。

生2：爬山虎的脚长在茎上，长在茎的长叶柄的地方；爬山虎的脚是嫩红的枝状的六七根细丝。

师：好。你发现了爬山虎的脚生长的位置、色彩和形状。

生3：爬山虎的脚要是没触着墙，不几天就萎了，后来连痕迹也没有了。

师：好。你说的是如果爬山虎的脚没有巴住墙，它就会萎缩，这是课文中补充说明的内容。

生4：爬山虎的脚就像图画里的蛟龙爪子，巴住墙相当牢固，它是一脚一脚地往上爬。

师：作者让我们想到蛟龙的爪子，形态之美就出来了。如果把爬山虎的脚，它的色彩，它长的地方，它的形态，它的作用，它的力度都讲出来就更好了。好，再来一位同学试一试。

生5：爬山虎的脚长在茎上，长在茎的长叶柄的地方，开始是嫩红的枝状的六七根细丝，触着墙之后就变成灰色。爬山虎的脚能爬墙，是一脚一脚地往上爬。爬山虎的脚巴在墙上相当牢固，让人想起图画上蛟龙的爪子，要是你的手不费一点儿劲，休想拔掉一根。

师：这位同学是把课文中最好的句子挑出来，理顺了，连贯起来说的，很不错。我们来看，大家读起来，"爬山虎的脚"——

（屏幕显示，学生朗读）

> 爬山虎的脚长在茎上，长在茎的长叶柄的地方；

> 爬山虎的脚是嫩红的枝状的六七根细丝;
>
> 爬山虎的脚能爬墙;
>
> 爬山虎的脚是一脚一脚地往上爬;
>
> 爬山虎的脚触着墙之后就变成灰色;
>
> 爬山虎的脚巴在墙上相当牢固;
>
> 爬山虎的脚让人想起图画上蛟龙的爪子;
>
> 爬山虎的脚能够让叶子在墙上铺得那么均匀……

师:看文章中的表达,这才叫作观察细致。首先是说明它的脚长在什么地方,刚长出来时是什么样的色彩;其次描述它的形态是由六七根细丝构成的;再次说它是怎样爬的,触着墙后脚的颜色会发生什么变化;最后说它巴在墙上的力度很大,它的形态让人想到了什么等。每一处观察都很细致。好吧,每位同学都把屏幕上的这段话读两遍,体会作者细致的观察。

(学生齐读两遍)

师:大家看,这些文字都是写爬山虎的脚的,作者紧扣爬山虎的脚来描述、说明爬山虎的脚的各种特点。为什么要大家趣说呢?因为我们要把课文最重要的内容说清楚,同时观察作者是怎样细致地表达的。好,我们再来一句一句地看,一句一句地体味,就更能够感觉到作者表达得准确了。再读一次吧。

(学生再次齐读)

师:这篇文章写的是什么呢?我们刚才说了半天、读了半天,应该已经知道了,读——

(屏幕显示,学生齐读)

> 文章写的是:爬山虎的脚的特点、作用,以及爬山虎是怎样用脚爬的,启发我们在生活中要留心细致地观察身边的事物。

师：现在，我们看第三个活动——精读，看作者是怎样细腻地生动地表达的。

（屏幕显示）

> 三、精读
>
> 活动：请品析下面文段的词句美，并举例说明。

师：请同学们品析下面这一段话中的字、词、句，这个字用得好，这个词用得好，这个句子写得好，请大家来品味。先读一读——

（屏幕显示，学生齐读）

> 爬山虎的脚触着墙的时候，六七根细丝的头上就变成小圆片，巴住墙。细丝原先是直的，现在弯曲了，把爬山虎的嫩茎拉一把，使它紧贴在墙上。爬山虎就是这样一脚一脚地往上爬。如果你仔细看那些细小的脚，你会想起图画上蛟龙的爪子。

师：看老师举例，"触"字用得好，表现了爬山虎的脚很灵敏，刚刚挨着墙，细丝的头就变成了小圆片。接下来，你们再观察哪个字用得好，哪个词用得好，哪个句子写得好，先观察一会儿，再表达你的看法。

（屏幕显示）

> 比如"触"字用得好，表现爬山虎的脚很灵敏，刚刚挨着墙，细丝的头就变成了小圆片。

（学生各自默读圈画）

师：好，可以说话了，请表达你们的看法。

生6：我觉得"巴"字用得好，可以看出爬山虎的脚巴得非常牢固，拔都拔不掉。

师："巴"字太形象了，让我们立刻联想到"巴"的那种形态。

生7：爬山虎的脚像六七根细丝，很细小，但是他很有力，说明他的脚很神奇。

师：那么细小，但是它的劲很大。

生8：我觉得"蛟龙的爪子"用得好，写出了爬山虎的脚非常非常有力。

师："蛟龙的爪子"这五个字用得好。我们可以想象，爬山虎的藤蔓就像蛟龙，它的脚就像蛟龙的爪子，用蛟龙的爪子来比喻，就能够表现出"巴"的力度。

生9：我觉得"拉一把"用得比较好，这样就写出了爬山虎的脚很有力气，直接把茎拉过来了。

师："拉一把"是口语的表达，通俗易懂，拉一把就把藤蔓拉过来贴在墙上了，"拉一把"用得好。

生10：我觉得"细丝"用得好，因为"细丝"体现了爬山虎的脚很细小，但是它很有力气。

师："细丝"里面哪个字用得最好？"丝"用得好，细细的像头发丝那么细，形态之美也就出来了。好，谢谢。

生11："爬山虎就是这样一脚一脚地往上爬"这个句子用得好，显示出了爬山虎的努力。

师：不断地奋斗，不断地向前，而且还有一个地方用得好，就是"这样"两个字用得好，高度概括了爬山虎是怎样爬的。"这样"一词表达的力度非常强。好的，我们一齐来读一读——

（屏幕显示，学生齐读）

> 字词句的表达简洁、准确、形象。
> 比如触、变、巴、拉、贴、爬等动词的运用。
> 比如"爬山虎就是这样一脚一脚地往上爬"的描述。
> 比如"图画上蛟龙的爪子"的比喻。

师：这一段话有这么多美好的表达，它准确、简洁、形象。从中我们可以感受到作者的表达之美：动词的运用，生动的描述，比喻的修辞手法等。下面是我们的最后一个活动——巧写。巧写什么呢？爬山虎的脚——"细丝"之妙。其实作者写爬山虎的脚最美的地方、最细心的地方、最让我们感觉到神奇的地方就是"细丝"。脚是由细丝组成的，那么要怎样表现出细丝的力度，表现出细丝的力量呢？现在请大家来写一写。

（屏幕显示）

四、巧写

任务：续写

爬山虎的脚——"细丝"之妙

爬山虎的脚长在茎上，长在茎上长叶柄的地方，反面伸出枝状的、嫩红的六七根细丝，每根细丝都像蜗牛的触角。

爬山虎能爬墙，秘密就在这"细丝"上。

_____

_____

师：看，老师已经给大家写了几句话，你们就接着往下写，写什么？写爬山虎的脚之细，丝之神奇。好，开始动笔。

（学生动笔写作）

师：大家都在努力地摘取文中的句子来表达。好，请几位同学来读一读你的微文。

生12：细丝原先是直的，后来越变越粗，当细丝的头触到墙的时候就变成一个个小圆片，巴住墙，把茎拉了一把。

师："使茎紧紧贴在墙上"，这句话很重要。"爬山虎的脚触着墙的时候，六七根细丝的头上就变成小圆片"，这是全文最重要的一个关键句。

生13：细丝是嫩红的，每根细丝都像蜗牛的触角。细丝原先是直的，在墙上时它就弯曲了，就像图画上蛟龙的爪子。

师：这个同学很聪明。他运用比喻句让我们知道细丝的形态，然后写出了细丝的力量。

生14：爬山虎的脚是由六七根细丝组成的，这些细丝能够巴在墙上。

师：像一只只脚巴在墙上一样。

生15：细丝原先是直的，现在变弯曲了。爬山虎的脚就是这样一脚一脚地往上爬，如果你的手指不用一点儿劲，休想把它拉下来。

师：好。就是这样一脚一脚地往上爬，大家读起来吧。

（屏幕显示）

爬山虎的脚——"细丝"之妙

爬山虎的脚长在茎上。茎上长叶柄的地方，反面伸出枝状的六七根细丝，这些细丝很像蜗牛的触角。

爬山虎的脚触着墙的时候，六七根细丝的头上就变成小圆片，巴住墙。细丝原先是直的，现在弯曲了，把爬山虎的嫩茎拉一把，使它紧贴在墙上。

如果你仔细看那些细小的脚，你会想起图画上蛟龙的爪子。

那些脚巴在墙上相当牢固，要是你的手指不费一点儿劲，你休想拉下爬山虎的一根茎。

师：如果你还继续往下写的话，可以交代一下，如果这些细丝没有巴住墙，就萎缩了，这样的观察就更全面。所以，我们学用课文的语言来进行描述，会是一件很有趣的事情。

（屏幕显示）

活动一：牢记。

活动二：趣说。

活动三：精读。

活动四：巧写。

师：谢谢同学们，这堂课我们有牢记、趣说、精读、巧写的活动，同学们学得很扎实。同学们辛苦了，下课！

生：谢谢老师，老师再见！

教学赏析

这节课充分体现了"突现学生课中实践活动"的教学理念，集中体现了余老师"主问设计、语言学用、能力训练、知识积累"的教学特点。这节课有如下设计之妙值得我们品味。

妙处一：简中求丰。整节课设计了牢记、趣说、精读、巧写四个活动，教学思路清晰，教学环节简明，教学内容丰满，学生活动充分。就学生的收获而言，有语言的积累，有文意的把握，有说话的训练，有微型的练笔。看似简单的教学过程，教学内容则十分丰厚。

妙处二：实中求趣。教学中，余老师实实在在地开展了语文活动，扎扎实实地进行了朗读、积累、品析、微写能力的训练。特别是"趣说""品析"环节，学生根据课文内容，饶有趣味地畅谈自己的发现，品析词句之妙。余老师敏捷巧妙的点拨，激发了学生表达的欲望。

妙处三：细中求巧。这节课的细节设计相当巧妙。比如在学生领悟到作者观察之细致和表达之精妙后，余老师才顺势推出"巧写"活动：爬山虎的脚——"细丝"之妙，巧妙地利用课文资源对学生进行了微型写作训练。

这节课的设计之妙，体现出"简明、实用、高效、雅致"的教学风格。

|赏析| 广东省东莞市大朗镇中心小学　李凤菊

10. 我读出了课文中精彩的一笔
——四上《麻雀》课堂教学实录

时间：2020年9月16日
地点：广东省深圳小学
执教：余映潮

> **教学实录**

师：同学们，请把课本翻开，笔也要准备好。上课前要做好准备工作。
（学生做好相关准备工作）
师：这节课我们学习《麻雀》这篇小小的美文。这是一节大容量阅读课，除了阅读《麻雀》，还要阅读有关的美文，这叫"精读品析，美文联读"。
（屏幕显示）

大容量阅读课：精读品析，美文联读。

师：我们先了解一下作者——
（屏幕显示，学生齐读）

屠格涅夫（1818—1883），19世纪俄国作家，饮誉世界文坛。

师："饮誉"，就是受到广泛称赞的意思。老师刚才听到你们第一次朗读的声音了！《麻雀》是文学作品，散文。请在课本上批注"文学作品"四个字。文学作品有哪些呢？散文、诗歌、小说、童话、寓言都是文学作品。

（屏幕显示，学生批注）

> 《麻雀》，文学作品，散文，动物故事。

师：《麻雀》写的是动物故事，大家来把课文读一遍。老师听听大家的朗读，注意读出讲故事的语气。（教师示范朗读开头）就像讲故事给别人听一样。

（学生齐读课文）

师：全班同学一齐读，能读得这么好听，老师觉得你们很了不起，我听到了美好的故事情节，我仿佛看到了故事中的画面。谢谢同学们！下面，请同学们把有关字词好好地读一读、认一认。每位同学自由地读起来——

（屏幕显示，学生认读）

> 林荫（yīn）　　白桦（huà）　　摇撼（hàn）
> 嫩（nèn）黄　　绒（róng）毛　　巢（cháo）里
> 挓挲（zhā shā）　　拯（zhěng）救　　嘶哑（sī yǎ）
> 搏（bó）斗　　庞（páng）大　　愣（lèng）住

师："嫩黄"的"嫩"（教师示范），这个鼻音要稍微注意一下，"嫩黄"，读——

（学生齐读）

师：再来！快速地，一齐读，"林荫""白桦"，读——

（学生再次齐读生词）

师：下面，了解几个词语的意思，读起来——

（屏幕显示，学生齐读）

挓挲：（手、头发、树枝等）张开；伸开。
拯救：救。
安然：平安，安全；平静，安定。
愣住：因为惊讶而暂时未能做出反应。

师：我们这节课的活动是什么呢？请大声朗读——
（屏幕显示，学生齐读）

学习活动：一、朗读体味；二、品析精彩；三、美文联读。

师：这就是我们这节课的三个活动。开始我们的第一个活动——朗读体味。
（屏幕显示）

一、朗读体味
　一读，读出故事味道。

师：读出故事的味道，刚才大家已经做到了。现在，我们再来读一遍，各自读故事。我读两段，你们听一听。（教师示范）大家看，故事的情境就被我们的朗读传达出来了。这次不要齐读，各自沉浸在故事里面。开始读——
（学生自由朗读课文）
师：我一边听你们的朗读，一边观察你们的表情。通过你们的表情，我感觉到你们沉浸在故事之中。
（屏幕显示）

　二读，读好修饰语言。

师：再读，读出修饰语言的味道。比如"慢慢地，慢慢地向后退"，这个"慢慢地"就是修饰的词，怎么读呢？

（屏幕显示，教师范读）

> 悄悄地向前走
> 猛烈地摇撼着
> 呆呆地站在地上
> 无可奈何地拍打着小翅膀
> 慢慢地走近小麻雀
> 像一块石头似的落在猎狗面前
> 绝望地尖叫着
> 慢慢地，慢慢地向后退

师：你们要把修饰词语的味道读出来，把课文中的情境描写读出来。

（学生自由朗读）

师：这样一读，就把细节读好了。我们看，"像一块石头似的落在猎狗面前"，快速地读一读，一齐读——

（学生齐读）

师："慢慢地，慢慢地向后退"，不要读成"慢慢（mān）地"，再读。

（学生纠正读音齐读）

师：很聪明！老师为什么要强调这样读书呢？因为只有这样读才有情味。好，接着读，把下面这一段话中修饰语的情味都表达出来——

（屏幕显示，学生齐读）

> 猎狗慢慢地走近小麻雀，嗅了嗅，张开大嘴，露出锋利的牙齿。突然，一只老麻雀从一棵树上飞下来，像一块石头似的落在猎狗面前。它扎煞起全身的羽毛，绝望地尖叫着。

师：好，真好！继续练朗读，读清段内层次。

（屏幕显示）

> 三读，读清段内层次。

师：这个段落有两个层次，朗读的时候，在层与层之间要稍微停顿一下。哪两个层次呢？首先是介绍环境，提示小麻雀，接着细致地描写小麻雀，这样，朗读的层次就出来了。好吧，试一下。注意"小翅膀"后面要略略停一下——

（屏幕显示，学生齐读）

> 风猛烈地摇撼着路旁的白桦树。我顺着林荫路望去，看见一只小麻雀呆呆地站在地上，无可奈何地拍打着小翅膀。它嘴角嫩黄，头上长着绒毛，分明是刚出生不久，从巢里掉下来的。

师：第二个层次很重要，因为对小麻雀进行了很细致的描写。大家在"它"字的前面加一条小竖线。

（学生标注记号）

师：这就把一个段落的层次读清楚了。再读下一个段落。

（屏幕显示）

> 猎狗慢慢地走近小麻雀，嗅了嗅，张开大嘴，露出锋利的牙齿。突然，一只老麻雀从一棵树上飞下来，像一块石头似的落在猎狗面前。它挓挲起全身的羽毛，绝望地尖叫着。

师：概括地看一看，第一个层次在哪儿？

生1：第一个层次是猎狗看见小麻雀的表现，第二个层次是老麻雀从树上飞下来的表现。

师：很好！这个同学观察的技巧在哪里呢？抓关键词。我们看，先是猎狗，接着是老麻雀，这两个层次就很明晰了。一齐读——

（学生齐读）

师：又要加一条小竖线吧？

（学生标注）

师：还有一个段落，需要我们再来观察。它的层次好像很明显，但是又好像很难把它们区别开来。再观察！抓关键词。

（屏幕显示，学生思考）

> 老麻雀用自己的身躯掩护着小麻雀，想拯救自己的幼儿。可是因为紧张，它浑身发抖，发出嘶哑的声音，准备着一场搏斗。在它看来，猎狗是个多么庞大的怪物啊！可是它不能安然地站在高高的没有危险的树枝上，一种强大的力量使它飞了下来。

生2："在它看来"之前是一个层次，然后呢，"在它看来，猎狗是个多么庞大的怪物啊！""可是"后面又是一个层次，写它很害怕猎狗。

师：你好像说了两个地方，我们只用说一个地方。

生2：是在"在它看来"之前。

师：为什么"在它看来"后面是第二个层次呢？要讲道理。谁来讲其中的道理呢？

生3：因为后面加了一个"可是"。

师：但是这个同学说的是"在它看来"呀！

生4：前面呢，说的是它准备战斗，后面呢，会把它显得更厉害。但是呢，它不能安然地站在高高的树上。

师：谢谢你们！这是一个难题。老师告诉你们：前面是描写老麻雀，后面是作者的议论和抒情。"在它看来，猎狗是个多么庞大的怪物啊……"这是作者在说话。大家在"在它看来"的前面画竖线。

（学生标注）

师：好吧，我们读起来。注意层次之间的停顿。

（学生朗读）

师：好！大家是不是觉得把段内的层次读清楚是一件很有意思的事情啊？既朗读，又分析，谢谢同学们，大家很努力呀！下面，开始我们的第二个活动——品析精彩。

（屏幕显示）

> 二、品析精彩
>
> 话题：我读出了课文中精彩的一笔。

师：怎样品析呢？我告诉你们——这篇文章有一个精彩的地方，精彩在于设置了故事的场景，这个场景就是林荫路上。为什么这个地方精彩呢？哦，因为有林荫路，所以有麻雀窝，小麻雀就有可能掉到地上来。如果没有林荫路，就没有麻雀的故事了。所以精彩在于有林荫路这个场景。

（屏幕显示）

> 示例：精彩在于设置了故事的场景——林荫路上。

师：再看，精彩在于"风猛烈地摇撼着路旁的白桦树"，知道老师为什么要品析它了吧？一齐说——

生：没有风，小麻雀就不会被刮下来。（齐说）

师：啊，就是嘛！风的描写是很精彩的。现在拿起笔批注，你觉得哪一个地方很精彩，过一会儿告诉大家。

（学生各自默读、思考、批注）

师：我现在观察的是你们是否动笔。动笔就意味着你们在独立地学习。

生5：在第5自然段，"猎狗是个多么庞大的怪物啊"，这一句话把猎狗描写得非常可怕，这样才能在后面把老麻雀写得非常勇敢。

师：好！我给你补充两个字：对比。庞大的狗，渺小的麻雀，形成了对比。啊，好精彩呀！

生6：在第5自然段，写出了老麻雀无畏地保护小麻雀。

师："挓挲起全身的羽毛，绝望地尖叫着"，此处细节描写很精彩，表现老麻雀不顾一切来保护小麻雀。

生7：在第5自然段，老麻雀用自己的身躯掩护着小麻雀，想拯救小麻雀。这说明它对小麻雀的爱很伟大。

师："掩护"这个词用得好，挡住了。"拯救"这个词用得好，写出了老麻雀的心理活动。同学们品味精妙词语的能力很强啊！

生8：第4自然段有一句"它挓挲起全身的羽毛，绝望地尖叫着"，是说它虽然觉得没有什么希望，但它还是想着去保护小麻雀。

师：是呀。"挓挲"一词特别有表达力量，浑身的羽毛都张开了，它一定感到极度的紧张。所以，这一笔很精彩。

生9：第3自然段的第一句，"风猛烈地摇撼着路旁的白桦树"，正是有这一句，才有小麻雀掉下来的情况。

师：于是，就有了故事情节的发展。

生10：第5自然段的最后一句，"可是它不能安然地站在高高的没有危险的树枝上，一种强大的力量使它飞了下来"，因为老麻雀爱小麻雀，所以奋不顾身地保护小麻雀，哪怕自己有危险，或者拯救根本就没有希望，它也奋不顾身地去保护小麻雀。

师：嗯，这是作者在赞美老麻雀，这就叫从侧面、从作者的角度来表现老麻雀的勇敢。很感谢同学们的踊跃发言，大家都品析到了文章的精彩。老师小结一下，大家把笔准备好——精彩在于可怕的猎狗、可怜的小麻雀、可敬的老麻雀的形象都很鲜明。

（屏幕显示，教师小结）

> 精彩在于"对比"：庞大的猎狗，小小的麻雀；慢慢地走近，飞快地落下；一下子愣住，挓挲与尖叫；慢慢地后退，准备着搏斗。

师：除了体型的对比之外，还有速度的对比。猎狗是"慢慢地走近""慢慢地向后退",老麻雀是"飞快地落下"。猎狗在勇敢的老麻雀面前是一下子愣住了,它被老麻雀吓住了。老麻雀呢?挓挲着羽毛,绝望地尖叫,是一种战斗的姿态。还有,猎狗慢慢地向后退,老麻雀准备着搏斗。所以,这篇文章通篇运用了对比的手法。此外,精彩在于描写的艺术。

(屏幕显示,教师小结)

> 精彩在于"语言艺术":瞬间的场景,鲜明的画面,生动的细节,精巧的动词,深情的议论。

师:这个小小的故事,写的是精彩的瞬间。瞬间的场景,大概就是1分钟吧,但是,作者把它精美地描述出来了。所以是瞬间的场景,鲜明的画面,生动的细节,还有精巧的动词和作者深情的议论。好,大家一齐把这几个短语读一读——

(学生齐读屏幕上的文字)

师:大家看,一篇小小的课文,可以带给我们那么多的收获!其实,这篇文章还有一个结尾,这个结尾就是作者的点题——写老麻雀的爱。一齐读一读——

(屏幕显示,学生齐读)

> 原文结尾:
> 我崇敬那只小小的、英勇的鸟儿,我崇敬它那种爱的冲动和力量。爱,我想,比死和死的恐惧更强大。只有依靠它,依靠这种爱,生命才能维持下去,发展下去。

师:哦,《麻雀》写的就是爱呀!请在课文大标题后面写上一个大大的"爱"字!

(学生批注)

师:下面,我们开始第三个活动——美文联读。这也是一篇表达爱的文章。

（屏幕显示）

> 三、美文联读
>
> 任务：朗读屠格涅夫的《鸽子》（节选），感受文中又一种纯美的"爱"。

师：请大家朗读屠格涅夫的《鸽子》节选，感受文中又一种纯美的"爱"。先默读1分钟，再朗读——

（屏幕显示，学生默读）

鸽子（节选）

（俄）屠格涅夫

一大堆暗蓝色的乌云遮蔽了整整半个天空。

突然，瞧，在它单调、沉闷的深蓝色的背景下，平稳而舒徐地闪过一件东西，宛如一块白色的手帕或是一团白雪。那是一只白鸽从村子里飞出来。

它一直飞着，一直飞着——老是笔直地飞……随后飞到树林外去了。

过了半晌——四周依旧是死一般的寂静……可是，猛然间，已经是两块手帕闪过，是两团白雪往回飞：这是两只白鸽正在安稳地飞回家去。

最后，风雨大作，势不可当！

倾盆暴雨落下垂直的水柱，噼噼啪啪（pā）地打着；闪电迸（bèng）发出绿色的火花……

可是，在屋檐下，就在气窗边沿上，并排地栖（qī）着两只白鸽——一只是飞出去寻找伴侣的，而那另一只便是它带回来的，也许是它搭救回来的伴侣。

> 两只鸽子都蓬着羽毛，每一只鸽子都可以感觉到自己同伴的翅膀就在自己的翅膀旁边……
>
> 它们很安宁！我看着它们，心里也很安宁……

（教师朗读，学生倾听）

师：好，一齐读——

（学生齐读）

师：现在需要你们说一句赏析的话。

生11：第一句"乌云遮蔽了整整半个天空"为后面写暴雨做了铺垫。

师：好！这句话很简短，很有用，把背景写出来了，后面就有暴风雨和它照应了。

生12：作者把鸽子比作手帕，比作雪，说明鸽子非常非常白，像雪一样洁白、美丽。

师：比喻很优美！

生13："风雨大作，势不可当！倾盆暴雨落下垂直的水柱，噼噼啪啪地打着，闪电迸发出绿色的火花……"这句话写得很好，写出了暴雨的猛烈、可怕。

师：暴雨越是猛烈，越是可怕，越是衬托出鸽子把同伴救回来的美好！

生14：第2自然段的"在它单调、沉闷的深蓝色的背景下，平稳而舒徐地闪过一件东西，宛如一块白色的手帕"，突出暗蓝色天空中的白雪。

师：嗯！而且，"闪"字用得好！说明它飞得很快。

生15：第4自然段"猛然间，已经是两块手帕闪过"说明鸽子飞得很快。

师：而且，让我们欣慰的是，它找到了它的同伴。另一只鸽子，被它搭救出来了。大家真了不起，立刻让大家说话，大家也能说得很好。同学们，这篇小文章，告诉我们这个小道理，一齐读——

（屏幕显示，学生齐读）

> 经过暴风雨洗礼的情谊,是一种爱的力量——让我们的心安宁。

师:经过暴风雨洗礼的情谊,是一种爱的力量。它,让我们的心安宁。爱,让我们每个人的心安宁。我们今天的活动有:朗读体味,品析精彩,美文联读。谢谢同学们!下课。

生:谢谢老师,老师再见!

教学赏析

这是一节充满浓郁文学味道的阅读课。余老师开课即指出文章的文体——这是一篇散文。接着,余老师以"我读出了课文中精彩的一笔"为话题,引导学生品析课文的精彩之处。余老师在精妙的小结之中,点出课文"对比"之妙,揭示课文语言之美。层次、描写、抒情、场景、形象、对比、细节等文学知识像种子一样播撒在了学生心田。

这是一节充分锻炼学生能力的阅读课。这节课上,我们看得见学生语文能力的拔节。在接触陌生文本《鸽子》短短几分钟之后,学生竟然能即兴发言,说出文本的精彩之处。这都源于余老师对学生的细致引导和精准训练。除此之外,学生的朗读能力、概括能力也有看得见的提升。

这是一节具有真正示范意义的阅读课。课前,余老师对课文进行了精准解剖和精心取舍,对作者的大量文学作品进行了浏览和精选,《鸽子》与《麻雀》放在一起联读,真是珠联璧合。余老师借助原文,顺势而为,训练活动浑然天成。教学之中,余老师的示范、理答恰到好处。这些都是我们学习教学艺术的范本。

|赏析| 广东省深圳小学 陈德兵

11. 这一切都使人如临其境
——四下《乡下人家》课堂教学实录

时间：2019年3月4日

地点：广东省佛山市南海区丹灶镇联安小学

执教：余映潮

教学实录

师：同学们，今天我们学习美文《乡下人家》，这篇文章写得太美啦，我们要着重学习课文中的语言，这是一节语言学用的训练课。

（屏幕显示）

一、美美地说话

师：让我们美美地说话，先读一读——

（屏幕显示，学生齐读）

《乡下人家》正如一幅田园风光的优美画卷：那爬上屋檐的碧绿的藤蔓，那依着时令开放的美丽的鲜花，那从土里探出头来的鲜嫩的竹笋……这一切都使人如临其境，仿佛让我们一起享受乡下人家生活的乐趣。

师：到底是四年级的学生呀，朗读的味道很浓郁。我们再来读一遍，读得抒情一点儿。

（教师范读，学生朗读）

师：这次读得更好听了，再来看上面这段话："优美画卷"是中心词，后面的内容就是围绕"优美画卷"来展开的。"那……那……那……"后面就是具体的描述，注意省略号，这里的话还没说完，可能还有很多美好的内容能够补充进来。下面，请每位同学把省略号变成具体的细节性内容，变成美好的画面，连说三个其他方面的"那……那……那……"，然后把最后一句话接上去。

（学生静读、动笔）

师：美美地说话，就看同学们对有关语言材料的组织。好的学习习惯应该是手中有笔，把你要描述的内容圈出来，边圈边说"那……那……那……"。

（学生用1分钟准备说话）

师：我看到大家都在认真说话。现在请发言。

生1：那守护着乡间的大树，高大挺拔。

师：说完啦？老师要求的是用三个"那……"，还要加上最后一句，要听清楚老师的要求。

生2：那伟大的母鸡率领着一群小鸡在竹林中觅食，那耸着尾巴的雄鸡在场地上大踏步地走来走去，那在水中游戏的鸭子不时把头扎到水中觅食，这一切都使人如临其境，仿佛让我们一起享受乡下人家生活的乐趣。

师：多好呀，让我们看到了动物世界的画面，"伟大的母鸡"可以说是"慈爱的母鸡"。

生3：那挂在藤上的青的红的瓜，那朴素中带着几分华丽的鲜花，那头上飞过的归巢的鸟儿，这一切都使人如临其境，仿佛让我们一起享受乡下人家生活的乐趣。

师：嗯，视野更开阔了。有瓜果，有鲜花，还有小鸟，多美呀，说得好。

生4：那带领着一群小鸡的咕咕叫的母鸡，那一群嬉戏的鸭子，那乡下人家吃晚饭的甜蜜情景，这一切都使人如临其境，仿佛让我们一起享受乡下人家生活的乐趣。

师：这位同学的表达也是很智慧的，他描写了动物世界，还特意解说了乡下人家"人"的生活，层次很分明，说得好。

生5：那天边的红霞，那向晚的微风，那头上飞过的归巢的鸟儿都是乡下人家的好友。这一切都使人如临其境，仿佛让我们一起享受乡下人家生活的乐趣。

师："晚霞"是视觉，"微风"是触觉，用五觉来描述，也是很美好的角度。

生6：那乡下人家在门前的场地上种的几株花，那乡下人家在大树下吃晚饭的情形，那纺织娘在夜晚唱歌的情景，这一切都使人如临其境，仿佛让我们一起享受乡下人家生活的乐趣。

师：又是一次很好的描述，有白天的生活，有晚上的生活，有感受到的，还有听到的，多么美好的画面呀。同学们，美美地说话就是让同学们学用课文的语言来说话。于是，你们就知道了怎样描述，怎样抒情。好吧，读起来——

（屏幕显示，学生齐读）

> 《乡下人家》正如一幅田园风光的优美画卷：那爬上屋檐的碧绿的藤蔓，那依着时令开放的美丽的鲜花，那从土里探出头来的鲜嫩的竹笋，那觅食的鸡群，那戏水的小鸭，那乡下人家在门前树荫下的晚餐，那天边的红霞，那向晚的微风，那归巢的鸟儿，那纺织娘美妙的歌声……这一切都使人如临其境，仿佛让我们一起享受乡下人家生活的乐趣。

师：这样说话就是让你们把全文最关键、最优美的内容概括地表述出来，这样全篇文章的大意也就能理解了。好，再轻柔地读一读。

（学生再次齐读）

师：难怪作者这样动情地描写——

（屏幕显示，学生齐读）

> 乡下人家，不论什么时候，不论什么季节，都有一道独特、迷人的风景。

师：大家看课文的最后一段，这一段是议论、点题。这篇课文共七个段落，有六个段落是描写乡下人家的风情的，最后一个段落是议论。这种行文结构叫作分总式结构，第一层六个段落是描写，第二层一个段落是总说，这是充满感情的评说与赞叹；这也是文章常用的一种结尾的方法。在这个活动中，大家都很投入。我们概说了文意，练习了说话，还积累了优美的语言。下面，请同学们开始美美地认读的活动。课文有大量的美字美词，我们认一认、读一读，每个同学都要聚精会神地读和记。

（屏幕显示）

二、美美地认读

师：读准字音，同学们读起来——
（屏幕显示，学生齐读）

> 瓜藤（téng）　攀（pān）上　屋檐（yán）
> 装饰（shì）　竖（shù）着　风趣（qù）
> 芍（sháo）药　鲜嫩（nèn）　率（shuài）领
> 耸（sǒng）着　觅（mì）食　倘（tǎng）若
> 捣（dǎo）衣　和谐（xié）　归巢（cháo）

师：再来几组数量词，多有趣呀，课文中的数量词用得太丰富啦，读起来——

（屏幕显示，学生齐读）

129

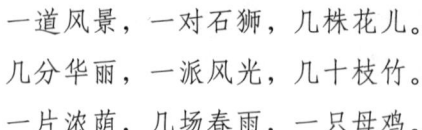

> 一道风景，一对石狮，几株花儿。
> 几分华丽，一派风光，几十枝竹。
> 一片浓荫，几场春雨，一只母鸡。
> 一群小鸡，一条小河，一幅画面。

师：课文中的四字短语也很丰富，读起来——
（屏幕显示，学生齐读）

> 别有风趣，农家风光，房前屋后。
> 石桥旁边，绿树荫下，天高地阔。
> 自然和谐，田园风景，月明人静。

师：这篇美文中最美的短语是五字短语，很优美，很抒情，读起来——
（屏幕显示，学生齐读）

> 小小的房屋，绿绿的浓荫，天边的红霞，向晚的微风，归巢的鸟儿，迷人的风景。

师：我建议大家多读几遍，把它背一背——
（学生自由朗读、背读）

师：这些五字短语描述的全是画面，而且因为有了修饰词，就更加生动了。什么叫修饰词？比如"房屋"是一个事物，我们说"小小的房屋"，它就变得生动起来，"小小的"就是修饰词。好，各自再领略一遍，"小小的房屋，绿绿的浓荫"，读起来——

（学生再次齐读）

师：读得好听，这篇课文中还有大量的动词、色彩词，以及写动物的词、写植物的词，内容很丰富，而且富有美感。下面，开始我们的第三个活动——美美地读背。

（屏幕显示）

> 三、美美地读背

师：先铺垫，课文的第一自然段在结构上有它的特别之处。现在我们先来读一读——

（屏幕显示，学生齐读）

> 乡下人家总爱在屋前搭一瓜架，或种南瓜，或种丝瓜，让那些瓜藤攀上棚架，爬上屋檐。当花儿落了的时候，藤上便结出了青的、红的瓜，它们一个个挂在房前，衬着那长长的藤，绿绿的叶。青、红的瓜，碧绿的藤和叶，构成了一道别有风趣的装饰，比那高楼门前蹲着一对石狮子或是竖着两根大旗杆，可爱多了。

师：再读一遍，并把用得精致的动词圈出来——

（学生再次齐读）

师：这篇文章的奇妙之处就是，它的段落结构和全篇的结构是相吻合的。这一段的第一层是描写，第二层是议论。大家看一下它的变形——

（屏幕显示，学生齐读）

> 乡下人家总爱在屋前搭一瓜架，或种南瓜，或种丝瓜，让那些瓜藤攀上棚架，爬上屋檐。当花儿落了的时候，藤上便结出了青的、红的瓜，它们一个个挂在房前，衬着那长长的藤，绿绿的叶。
>
> 青、红的瓜，碧绿的藤和叶，构成了一道别有风趣的装饰，比那高楼门前蹲着一对石狮子或是竖着两根大旗杆，可爱多了。

师：原来写景的文章常常是这样的呀，先描写，后议论、评说。请同学们把第二层的内容读出来——

（学生齐读）

师：啊，真不错。前面一层是描写，后面一层是议论、评说。好，大家在这段话中"绿绿的叶"后面画一条竖线，这样就清楚地表现出这个段落的第一层是描写，第二层是议论。同时，大家还要做一些笔记，这一段话，动词用得好。

（屏幕显示，学生做笔记）

> 第一层描写，第二层评说。动词用得好。

师：我们现在背诵下面这个自然段，这是写乡下人家生活的美段，每个人背诵3分钟。自由背诵，开始——

（屏幕显示，学生自由背诵）

> 若是在夏天的傍晚出去散步，你常常会瞧见乡下人家吃晚饭的情景。他们把桌椅饭菜搬到门前，天高地阔地吃起来。天边的红霞，向晚的微风，头上飞过的归巢的鸟儿，都是他们的好友。它们和乡下人家一起，绘成了一幅自然、和谐的田园风景画。

师：很了不起呀，谢谢同学们。请把段中表示议论、评说的句子读出来。

生：它们和乡下人家一起，绘成了一幅自然、和谐的田园风景画。（齐读）

师：可见大家都很聪明啊。好，又要画一条竖线，还要做一些笔记：这个段落，第一层是描写，第二层是评说；短语用得好，段中有丰富的五字短语，比如"天边的红霞""向晚的微风""归巢的鸟儿"等。

（屏幕显示，学生批注）

> 第一层描写，第二层评说。短语用得好。

师：老师还有一句话，这一段中有一个中心词，描写是围绕着两个字展开的。观察一下，是围绕着哪两个字展开的？

（屏幕显示）

> 第一层描写，第二层评说。短语用得好。有一个中心词。

生7：傍晚。

师：再看一个地方。

生8：情景。

师：常常会瞧见乡下人家吃晚饭的情景，怎样的情景呢？他们把桌椅饭菜搬到门前，天高海阔地吃起来……。好，把"情景"一词圈起来。其实这个片段还有好多美点，比如说，比喻。田园风景画就是一个美妙的比喻。今后我们在阅读、背诵优美的文段时，还要知道它到底美在哪里。下面还有一个小小的美好的活动。

（屏幕显示）

> 四、美美地写作

师：先读一读老师带给你们的一首小诗——

（屏幕显示，学生齐读）

> 在天晴了的时候，该到小径中去走走。
> 给雨润过的泥路，一定是凉爽又温柔。
> 炫耀着新绿的小草，已一下子洗净了尘垢。
> 不再胆怯的小白菊，慢慢地抬起它们的头。

师：啊，到小径中去走一走。这个"走一走"就是一个中心词。现在请大家根据课文内容也来写一首小诗。

（屏幕显示）

请写小诗：夏天晴朗的时候，到乡下人家去走走……

师：请同学们接着往下写几句话，形成一首小诗，开始吧——

（学生动笔写小诗）

师：好吧，请朗读你的小诗。

生9：夏天晴朗的时候，到乡下人家去走走。那里有美丽的鲜花向你点头。还有一群小鸡向你问好，有小鸭子来迎接你。花丛上的蝴蝶为你表演，小小的鸟儿在树上为你唱歌呢。

师：多甜美的画面，这位同学表达的特点就是用"你"来说话，其实这个"你"就是我们，这是一种有情味的表达。

生10：夏天晴朗的时候，到乡下人家去走走。你会看见争奇斗艳的花儿，挂在瓜架上的瓜，还有在水中嬉戏的鸭子。

师：啊，有动物，有植物；还用了四字短语来修饰，争奇斗艳，对。

生11：夏天晴朗的时候，到乡下人家去走走。阳光下的小草，慢慢地探出头来。给露珠润过的鲜花，朴实中带着几分华丽。被雨淋过的瓜，发出一丝丝清甜。

师：透露出一丝丝的清甜味道。

生12：夏天晴朗的时候，到乡下人家去走走。那乡下有宽敞的房屋，那树下嬉戏的鸭子像一群孩子在玩，那乡下有威武的大公鸡。还有那不起眼的美丽小花。乡下的风景真美呀，任何事物都比不上它。

师：层次出来了，第一层描写，第二层议论、评说，很好。

生13：夏天晴朗的时候，到乡下人家去走走。可以看见一群小鸭子在水中游戏。一只大公鸡在屋前大步地走来走去，有许多小花给房屋以美丽的装饰，比高楼门前的石狮子好看多了。

师：运用了对比的手法，也不错。

生14：夏天晴朗的时候，到乡下人家去走走。你总会看见绿的红的花挂在房前，母鸡率领着一群小鸡在竹林中觅食，还总会看见雄鸡在场地上大踏步地走来走去，它们构成了一道特别的风景。

师：最后一句话用得很好，用了比喻的手法，这位同学的小诗中有动有静，还有色彩之美好。

生15：夏天晴朗的时候，到乡下人家去走走。被花儿铺满的小路，一定是漂亮又美好。月明人静的夜里，纺织娘在炫耀自己优美的歌声。那声音真好听，让辛苦一天的人们都进入了甜美的梦乡。

师：啊，最后一句很有韵味。好吧，让我们一齐读一读——

（屏幕显示，学生齐读）

> 夏天晴朗的时候，到乡下人家去走走。
> 他们的屋前，瓜藤正攀上棚架，花儿依着时令开放。
> 小鸡在竹林中觅食，鸭群在小河中戏水。
> 天边的红霞，向晚的微风，都来装点这美好的农家风光。

师：要你们写诗，就是让你们把课文中美好的语言组合起来。谢谢同学们的努力。好，我们读一读吧——

（屏幕显示，学生齐读）

> 乡下人家，不论什么时候，不论什么季节，都有一道独特、迷人的风景。

师：谢谢同学们，下课。同学们再见！

生：老师再见！

> **教学赏析**

　　这节课的教学设计充分体现了余老师"利用课文资源,有效组织学生的课中实践活动"的教学理念。这节课完美地阐释了"板块思路清晰,主问设计巧妙,能力训练扎实,读写指导细腻"的教学特点,真可谓美教美学。

　　这节课的教学思路是:美美地说话——美美地认读——美美地读背——美美地写作。在教学中立足于学生语言学用扎实,能力训练充分,学生积累丰富,让学生的语文核心素养得到了充分的提升。

　　这节课的教学手法是"诗意手法",教学中的"说话"活动、"趣写"活动都是创意美好、富有情味的课中活动。

　　这节课的细节特点是:开课入题,直入本课教学情境;交代清楚,教学环节明晰;形式灵动,开展了四次训练活动;教学内容灵动深邃,学生课中积累丰富。

　　纵观整节课,充分体现了余老师的教学智慧:自然、真实、和谐,同时教学艺术的氛围浓郁。

|赏析|　广东省佛山市南海区丹灶镇联安小学　卢佳跃

12. 这里的描写是为表现雨来服务的
——四下《小英雄雨来》课堂教学实录

时间：2018 年 6 月 5 日
地点：山东省济南市章丘双语学校
执教：余映潮

> 教学实录

师：同学们，这节课我们学习小说《小英雄雨来》。这是一篇自读课文，大家将有很多的时间来自读。请大家朗读，"课中活动"——
（屏幕显示，学生朗读）

> 课中活动：一、学习说话；二、积累语言；三、品析细节。

师：这节课一共有三个活动，同时还要了解小说的一些知识。从文章体裁的角度来讲，《小英雄雨来》是小说。我们先来了解小说的知识，"小说"，读——
（屏幕显示，学生齐读）

> 小说：塑造、刻画人物形象，通过完整的故事情节和环境描写来反映社会生活的文学体裁。

师：好，请在课文大标题旁边批注四个字"文学作品"。小说是虚构的故事，在虚构的故事中，人物和情节都有现实生活的基础。好，接着了解作者管桦，"管桦"，读——

（屏幕显示，学生齐读）

> 管桦：河北人，著名作家。从小就和村里的儿童一起站岗放哨，给八路军送鸡毛信，上树瞭望，捕捉敌情。1940年，他离家奔赴抗日战场。代表作有《小英雄雨来》《将军河》等，由他作词的儿童歌曲《听妈妈讲过去的事情》《我们的田野》《快乐的节日》等传唱至今。

师：管桦是著名的老一辈作家。他创作的歌曲《听妈妈讲过去的故事》《我们的田野》，老师这一代人都会唱，也许你们的爸爸妈妈都还会唱呢。《小英雄雨来》的故事发生的地点是晋察冀边区的一个村庄。咱们来了解一下晋察冀边区的相关知识，读起来——

（屏幕显示，学生齐读）

> 晋察冀（jì）边区：抗日战争时期中国共产党领导的敌后抗日根据地之一；包括山西、察哈尔、河北等省的广大地区。

师：抗日根据地，就是在中国共产党领导下创建的革命根据地，敌人经常来围剿，因此就有了课文中小雨来的故事，就有了雨来和鬼子斗智斗勇的故事。下面，请同学们开始本节课"学习说话"的训练。

（屏幕显示）

> 一、学习概说

师：注意要求，要流畅地说出一个句子。

（屏幕显示）

> 要求：用一句话简说的方式，概括这篇小说的大意。

师：《小英雄雨来》的大意，该怎样说呢？

（屏幕显示）

> 第一种说法：这篇小说……

师：这篇小说描写了……表现了……，这是第一种说法。

（屏幕显示）

> 第二种说法：小英雄雨来……

师：用"小英雄雨来在什么时候，表现出……"这样的句子来说话也可以，现在每位同学根据课文内容，静静地在内心组织好你要说的内容，每位同学准备3分钟。这个时候你手中的笔是可以使用的，可以把说话的关键词批注出来，然后再组织你说话的内容。

（学生静思、批注）

师：好的，开始1分钟自我训练。

（学生练说）

师：接着就请同学们来说话。

生1：这篇小说讲的是小英雄雨来在自己的屋里，鬼子问他李大叔在哪里，他不说，最后小英雄雨来战胜了鬼子。

师：有的地方说得详细，有的地方又说得概略，没有按规定的要求说话。

生2：这篇小说写小英雄雨来在十二岁的时候，战胜了鬼子，突出了小英雄雨来很勇敢。

师：不错，特别注意到他只有十二岁，谢谢你，说了一个完整的句子。

生3：这篇小说写了小英雄雨来面对鬼子时不告诉他们李大叔位置的故事，表现了他舍己为人的精神。

师：非常重要的是小雨来机智地逃脱了。

生4：小英雄雨来在用智慧保卫自己家园的同时，也体现了勇敢的品质。

师：好，说了一个很流畅的句子，谢谢你。

生5：小英雄雨来在保护李大叔的时候，被日本鬼子抓获，日本鬼子用了很多残酷的手段，小英雄雨来就是不说，日本鬼子气急败坏，要把他枪毙，后来因为精湛的游泳技术，他跳进河里逃脱了。

师：这是你们最流畅、最饱满的一次课文大意的概述。好的，我们来看一看，一起来说话。"这篇小说写的是"，读——

（屏幕显示，学生齐读）

> 这篇小说写的是抗日战争时期，晋察冀边区十二岁的、游泳本领高强的小英雄雨来，为掩护革命干部，勇敢地同日本鬼子作斗争并机智脱险的故事。

师：大家看出来了没有，地点、人物、情节，都提到了。好，再来读一遍，"这篇小说"，读——

（学生再读）

师：这就是流畅的表达。好，再来看，"小英雄雨来"，读——

（屏幕显示，学生齐读）

> 小英雄雨来只有十二岁，他勇敢地保护了八路军的交通员，在日本鬼子的诱惑和刺刀的威逼下视死如归，并机智地逃出了死亡魔掌。

师：大家看出来没有，这段话包含了人物、年龄、故事的梗概。好，再来读一遍，"小英雄雨来"，读——

（学生再读）

师：好的，谢谢大家共同的努力。我们就是要学习如何把故事最重要的情节简述出来。下面，开始我们的第二次学习活动。

（屏幕显示）

> 二、积累语言

师：这篇文章很长，于是我们积累语言的机会就会更多。

（屏幕显示）

> 学习一组字词

师：各自尝试着全部朗读一下，开始吧——

（屏幕显示，学生自读）

> 字音字形
> 黝（yǒu）黑　　笤帚（tiáo zhou）　　发愣（lèng）
> 软鼓囊囊（nāng）　　哐啷（kuāng lāng）　　劫难（jié nàn）
> 门槛（kǎn）　　一拧（níng）　　推推搡搡（sǎng）
> 嘟嘟囔囔（náng）　　唧（jī）唧咕咕　　刀鞘（qiào）
> 咧（liě）嘴　　趔趄（liè qie）　　嗷嗷（áo）地叫
> 漩涡（xuán wō）

师：好的，每个词语读两遍，"黝黑、黝黑"，读——

（学生齐读）

师：好，拿起笔，在本子上把这些词语写一写。"笤帚"，这是个常用词；"发愣"，也是个常用词；"门槛""趔趄"，这是难写的词；"漩涡"，难读难写。

（教师指导，学生练写）

师：大家太认真了！我们接着来学习。大量运用拟声词，是这篇课文语言的一个特色。如果我们读得快一点儿，就会觉得非常有意思：扑通扑通、嗡嗡嗡嗡、哗啦哗啦。好，一齐读起来——

141

（屏幕显示，学生齐读）

> 拟声词语
>
> 扑通　　嗡嗡嗡嗡　　哗啦哗啦　　吱扭　　吧嗒吧嗒
>
> 哐啷　　咕咚咕咚　　呜哩哇啦　　喀啦　　嗖嗖
>
> 唧唧咕咕　　嗡嗡地　　嗷嗷地　　呜呜地　　哗哗地

师：好，还有吗？

（屏幕显示）

> 美妙比喻之一
>
> 芦花开的时候，远远望去，黄绿的芦苇上好像盖了一层厚厚的白雪。
>
> 风一吹，鹅毛般的苇絮就飘飘悠悠地飞起来。
>
> 蓝蓝的天上飘着的浮云像一块一块红绸子，映在还乡河上，像开了一大朵一大朵鸡冠花。

师：美妙的比喻句之一，"芦花开的时候，远远望去"，读起来——

（学生齐读）

师：读得好听，再读一次，把动词咬得重一点儿，"芦花开的时候，远远望去"，读——

（学生再读）

师：好，在课文的第1自然段旁边批注"环境描写"。"芦花开的时候，远远望去，黄绿的芦苇上好像盖了一层厚厚的白雪。风一吹，鹅毛般的苇絮就飘飘悠悠地飞起来。"这就是小雨来生活的环境，他生活在还乡河的旁边，"还乡河"这三个字是很有作用的，写河，是为写雨来会游泳——

生：做铺垫。

师：哎呀，你们太行了！

（屏幕显示）

> 美妙比喻之二
> 　　许多小朋友，好像一群鱼，在河里钻上钻下。
> 　　雨来浑身光溜溜的像条小泥鳅，怎么也抓不住。
> 　　雨来像小鸭子一样抖着头上的水，用手抹一下眼睛和鼻子，嘴里吹着气，望着妈妈笑。
> 　　水面上露出个小脑袋来。雨来还是像小鸭子一样抖着头上的水……

师：这又是一组美句，美妙的比喻句之二，"许多小朋友，好像一群鱼"，读起来——

（学生齐读）

师：好，翻到第61页，在描写小雨来游泳的句子旁边批注"人物描写"。"雨来浑身光溜溜的像条小泥鳅"，是人物描写。"远远的水面上露出了个小脑袋来，雨来像小鸭子一样抖着头上的水"，是人物细节描写。在人物描写中，还有细节的描写。为什么要对小雨来游泳的本领进行这样细致的描写呀，也是有作用的。

生：为下文做铺垫。

师：啊，你们又知道了。好，就大家知道的事情，我们来进行一次自读活动。这是我们的第三个活动。

（屏幕显示）

> 三、品析细节

师：开始品析细节，品析细节其实是要知道一个道理，知道一个什么道理呢？道理就是：小说中的描写是为表现文中的主要人物服务的。

（屏幕显示）

> 话题：这里的描写是为表现雨来服务的。

143

师：好，大家把这个话题读一读。"这里的描写"，读——

（学生齐读）

师：这里的描写是为表现雨来服务的。刚才的环境描写、人物细节描写都是为表现雨来服务的。

（屏幕显示）

> 学法：圈画、批注。
>
> 实践：圈画一个描写片段，批注一两个句子，评点这里的描写为什么能够为表现雨来服务。

师：好，老师来举例。老师举例之后，你们就要圈画、批注。看例子，大家读一读吧，"他肩上"，读——

（屏幕显示，学生齐读）

> 他肩上披着子弹袋，腰里插着手榴弹，背上还背着一杆长长的步枪。爸爸怎么忽然这样打扮起来了呢？

师：哦，这里写的是雨来的爸爸，怎么是为表现雨来服务的呢？因为爸爸是抗日的游击队员，所以这个家里的人都是热爱祖国的。雨来从小受到的教育就是爱国的教育，这里写爸爸其实就是为表现雨来的英雄品质服务的。表面上没写雨来，是写雨来的爸爸，但写雨来的家庭背景，一定是为了表现雨来服务的。再来读读下面这段话，"扁鼻子军官"，读——

（屏幕显示，学生齐读）

> 扁鼻子军官气得暴跳起来，嗷嗷地叫："枪毙，枪毙！拉出去，拉出去！"

师：这就很好懂了，这里表现了雨来的英勇不屈。不管鬼子怎样拷打雨来，都动摇不了雨来的决心，这里的描写是反衬雨来的英雄品质的。

现在就是大家的自读活动了，每位同学读书4分钟，品析一个地方，静读、默想、批注。

（学生静读、默想、批注）

师：包括对雨来游泳本领高强的描写，包括对雨来的小伙伴们的描写，包括对村庄里的人的描写，包括对雨来的老师教他读书的描写，包括对鬼子的描写等，都是可以品析的。

（学生静读、批注）

师：我们来倾听大家的分享。

生6：请大家翻到第56页，第3自然段："妈妈知道他又去耍水了，把脸一沉，叫他过来，扭身就到炕上抓笤帚。雨来一看要挨打了，撒腿就往外跑。"这里写出了雨来的机灵，为下文做铺垫。

师：哦，还有一个地方，如果你把它读一读，就更美了。妈妈"怎么也抓不住。只听见扑通一声，雨来扎进河里不见了"，这个地方非常美妙，就是为表现雨来服务的，不仅仅是说他的游泳本领高超，扎进河里不见了，一定是为后来……

生：为后来雨来的逃脱服务。（齐说）

师：对了，为雨来的逃脱做铺垫的，过一会老师要给你们讲，这叫埋下一个伏笔，表面上看好像不重要，其实很重要。

生7：请大家翻到第78页，第9自然段："女老师斜着身子，用手指点着黑板上的字，念着：'我们是中国人，我们爱自己的祖国。'"这里为后文写雨来不向敌人屈服做了铺垫，因为老师告诉他要爱自己的祖国。

师：这里的描写是为表现雨来的爱国主义精神做铺垫的。非常好，我们是中国人，我们爱自己的祖国。这里对雨来所受到的爱国主义教育描述得非常细致，这是很重要的一笔。

生8：请大家翻到第81页，第27~28自然段："扁鼻子军官把糖往雨来手里一塞，说：'吃！你吃！你得说出来他在什么地方！'他又伸出那个戴金戒指的手指，说：'这个，金的，也给你！'雨来没有接他的糖，也没有回答他。"这里扁鼻子军官给雨来两种诱惑，雨来面对极大的诱惑，还是做出了自己正确的选择，就是坚持爱国的精神，不把李大叔的行踪告诉鬼子。

师：好流畅的表达呀！很明显，雨来知道这是骗人的，于是绝对不接受鬼子的诱惑。

生9：请大家翻到第79页，第13自然段："爸爸对妈妈说：'鬼子又"扫荡"了，民兵都到区上集合，要一两个月才能回来。'""爸爸又转过脸对妈妈说：'明天你到东庄他姥姥家去一趟，告诉他舅舅，就说区上说的，叫他赶快把村里的民兵带到区上去集合。'"这里表现了雨来的家人都很爱国，反抗日本鬼子。

师：爱国的游击队员，妈妈也是。你刚才阐释的这个地方，我认为是这篇课文中最神秘的地方：爸爸要到区上去，爸爸派妈妈去执行一个任务，于是这个家就只剩雨来一个人了。如果妈妈在家的话，可能故事情节就不是这样了。所以这是神秘的一笔。

生10：请大家翻到第81页，第32自然段："扁鼻子军官的目光立刻变得凶恶可怕，他向前弓着身子，伸出两只大手。啊！那双手就像鹰的爪子，扭着雨来的两只耳朵，向两边拉。雨来疼得直咧嘴。鬼子又抽出一只手来，在雨来的脸上打了两巴掌，又把他脸上的肉揪起一块，咬着牙拧。雨来的脸立刻变成白一块，青一块，紫一块。"还有第34自然段："鬼子打累了，雨来还是咬着牙，说：'没看见！'"这里表现了雨来非常坚强，就是不向鬼子屈服。

师：是呀，拷打算得了什么，绝对不能把李大叔的行踪透露给鬼子，这就是爱国，爱我们的战士，爱交通员。

师：请大家看第五部分："芦花村里的人听到河沿上响了几枪。老人们含着泪，说：'雨来是个好孩子！死得可惜！''有志不在年高。'"请阐释，这里的描写是如何为表现雨来服务的。

生11：这里表现出村里的人都很喜欢雨来，雨来在他们心中是一个非常好的孩子。

师：啊，用大家的赞美之词，用大家对他的怀念来表现雨来是个好孩子，这叫侧面烘托。而且从小说的角度来看呢，这里写的就是一个误会。雨来是不是逃脱了？当时大家不知道，以为他牺牲了，于是赞美他、感慨他；还有小朋友们哭了、伤心了。这就是课文开头为什么要写小朋友，在这里就照应了小朋友们对他的爱，多有趣呀。小说就是要在细节上关注前后照应的。我们看一看下面几个段落。

（屏幕显示）

> 雨来最喜欢这条紧靠着村边的还乡河。每到夏天，雨来和铁头、三钻儿，还有许多小朋友，好像一群鱼，在河里钻上钻下，藏猫猫，狗刨，立浮，仰浮。雨来仰浮的本领最高，能够脸朝天在水里躺着，不但不沉底，还要把小肚皮露在水面上。
>
> 妈妈还是死命追着不放，到底追上了，可是雨来浑身光溜溜的像条小泥鳅，怎么也抓不住。只听见扑通一声，雨来扎进河里不见了。妈妈立在河沿上，望着渐渐扩大的水圈直发愣。
>
> 忽然，远远的水面上露出个小脑袋来。雨来像小鸭子一样抖着头上的水，用手抹一下眼睛和鼻子，嘴里吹着气，望着妈妈笑。

师：这都是写小雨来游泳本领高强、游泳技巧高妙的地方。同样，用妈妈抓不住雨来的描写从侧面表现了他游泳本领高强。好，大家做好笔记：伏笔。

（屏幕显示）

> 为雨来的机智逃脱埋下了伏笔，做好了铺垫，形成了照应。

师：故事开始写小雨来游泳本领高强是为他的逃脱埋下的伏笔，所以读到后面的情节你就会觉得小雨来的逃脱很自然。如果没有前面的铺垫，突然写小雨来的逃脱，就不合情理。

我们再看一个地方，这是我们同学品析到的，雨来读书是这篇小说最重要的一条线索。大家看这是第一次写他读书——

（屏幕显示）

女老师斜着身子,用手指点着黑板上的字,念着:
"我们是中国人,
我们爱自己的祖国。"
大家就随着女老师的手指,齐声轻轻地念起来:
"我们——是——中国人,
我们——爱——自己的——祖国。"

师:第二次写他读书——
(屏幕显示)

有一天,雨来从夜校回到家,躺在炕上,背诵当天晚上学会的课文。可是背了不到一半,他就睡着了。

师:雨来读得睡着了。第三次写他读书——
(屏幕显示)

第二天,吃过早饭,妈妈就到东庄去,临走说晚上才能回来。过了晌午,雨来吃了点儿剩饭,因为看家,不能到外面去,就趴在炕上念他那红布包着的识字课本。

师:他在炕上念他那红布包着的识字课本。第四次写他读书——
(屏幕显示)

雨来一骨碌下了炕,把书塞在怀里就往外跑,刚要迈门槛,进来一个人,雨来正撞在这个人的怀里。

师:鬼子来了,雨来准备跑的时候,碰到了李大叔。接着第五次写他读书——

（屏幕显示）

> 雨来低头一看，原来刚才一阵子挣扎，识字课本从怀里露出来了。鬼子一把抓在手里，翻着看了看，问他："谁给你的？"雨来说："捡来的！"

师：鬼子发现了他读的书本——
（屏幕显示）

> 雨来半天才喘过气来，脑袋里像有一窝蜂，嗡嗡地叫。他两眼直冒金星，鼻子流着血。一滴一滴的血滴下来，溅在课本那几行字上：
> "我们是中国人，
> 　我们爱自己的祖国。"

师：最后鬼子打他的时候，他的血溅到了书本上。大家看一看，第六次读书的描写是不是跟第一次的描写照应起来了？好吧，请批注。
（屏幕显示）

> 六写读书和识字课本，反复描写，形成照应，表现了爱国主义思想对雨来的教育与激励。

师：请大家在第一次描写旁边标注"六次描写，反复描写，形成照应"。其实，对课本的描写就是这篇小说中的一条线索，大家知道其中的照应关系就行了。为什么要着力写读书、写课本呢？肯定是为了写他受到的爱国主义教育的。好，我们继续欣赏。
（屏幕显示）

> 扁鼻子军官的目光立刻变得凶恶可怕，他向前弓着身子，

149

> 伸出两只大手。啊！那双手就像鹰的爪子，扭着雨来的两只耳朵，向两边拉。雨来疼得直咧嘴。鬼子又抽出一只手来，在雨来的脸上打了两巴掌，又把他脸上的肉揪起一块，咬着牙拧。雨来的脸立刻变成白一块，青一块，紫一块。鬼子又向他胸脯上打了一拳。雨来打个趔趄，后退几步，后脑勺正碰在柜板上，但立刻又被抓过来，肚子撞在炕沿上。

师：大家都知道了，文中描写扁鼻子军官利诱他、拷打他，都是为表现雨来服务的。

（屏幕显示）

> 挨打的细节描写，表现了雨来的坚强不屈。

师：这是最容易懂的地方。好，继续看第五部分。

（屏幕显示）

> 芦花村里的人听到河沿上响了几枪。老人们含着泪，说：
> "雨来是个好孩子！死得可惜！"
> "有志不在年高。"
> 芦花村的孩子们，雨来的好朋友铁头和三钻儿几个人，听到枪声都呜呜地哭了。

师：同学们已经分析了，这个地方用的是"侧面描写手法"，就是通过别人的言行来表现雨来。继续批注。

（屏幕显示）

> 运用侧面描写手法，表现雨来不畏牺牲的精神，衬托他的机智勇敢。

师：老人和小孩，老人赞美他，小孩伤心地怀念他，其实都是为表现雨来是个好孩子服务的。好，请同学们把下面这句话读一读——

（屏幕显示，学生齐读）

> 小说中细节性的环境描写、人物描写（动作、语言、神情、心理……），甚至标点的运用，都是为表现人物服务的。

师：谢谢聪明的同学们，下课。同学们再见！
生：谢谢老师，老师再见！

教学赏析

余老师这节课的教学设计为我们提供了一个绝佳的教学范例。

这是一节学习活动设计巧妙的课。这节课的三个学习活动有着明显的角度区别，分别承担着不同的教学任务：第一个学习活动锻炼了学生概括文章内容的能力；第二个学习活动巧妙地利用文本，丰厚了学生的语言积累；第三个学习活动从文章细节和构思方面，训练了学生的理解品析能力。

这是一节长文短教的课。这节课，余老师选点精妙，设计了精细话题，引导学生聚焦文章中的环境描写和人物细节描写部分，选取课文中最有训练价值的内容进行短教，巧妙地训练了学生阅读小说的能力。

这是一节充分利用文本的课。这节课不仅关注学生对文本语言的积累和赏析，还抓住小说这一体裁特点进行教学，让学生了解了小说中的侧面描写、铺垫、伏笔、照应等表现手法。

课堂上学生思维活跃，教师教学思路清晰，活动训练扎实高效。这是一节充满"语文味"的，真实、灵动的语文课。

|赏析| 山东省济南市章丘双语学校　牛春雨

13. "下雪"的描写有什么作用
——四下《芦花鞋》课堂教学实录

时间：2021 年 5 月 16 日

地点：四川大学附属实验小学东山学校

执教：余映潮

教学实录

师：同学们，现在我们开始学习课文《芦花鞋》，一齐把第六单元教学重点朗读一下——

（屏幕显示，学生齐读）

> 第六单元教学重点：学习把握长文章的主要内容，按一定顺序把事情的过程写清楚。

师：这是这篇课文的教学要点。《芦花鞋》写的是少年成长的故事，文章篇幅长，是小说的节选。这是一篇略读课文，同学们将有更多时间接触课文内容，进行有效的积累。

（屏幕显示）

> 课文类型：长篇小说节选，略读课文。

师：先来了解作家作品，读——

（屏幕显示，学生齐读）

> 曹文轩，著名作家，小说家，北京大学教授。
>
> 《芦花鞋》节选自曹文轩的长篇小说《青铜葵花》第四章。

师： 青铜是一个小孩的名字，葵花也是一个小孩的名字。大家先来知晓芦花鞋，读——

（屏幕显示，学生齐读）

> 冬天穿的芦花鞋：先将上等的芦花采回来，然后将它们均匀地搓进草绳里，再编织成鞋。那鞋很厚实，像暖和和的鸟窝。

师： 正是因为芦花鞋是冬天穿的，所以才有小说中少年儿童关于"卖鞋"的动人故事。下面，我们来了解一下故事背景，读——

（屏幕显示，学生齐读）

> 《青铜葵花》写的是二十世纪六七十年代江南水乡"大麦地"人们的故事。

师： 假设"青铜"一直活到现在，大概有多大年龄呢？八十岁左右。所以这是很多年前的故事。下面，我们来了解一下青铜，读——

（屏幕显示，学生齐读）

> 青铜是故事中的主要人物之一。青铜五岁时，因为一场火灾，竟成了一个听得见别人说话，却再也说不出话来的哑巴……

师： 因为青铜是哑巴，所以课文中没有关于他的语言描述。继续了解葵花，读——

（屏幕显示，学生齐读）

> 葵花也是故事中的一个主要人物。这个城里的小女孩跟着爸爸来到"大麦地"之后，因爸爸意外去世而变成了孤儿。

师：于是故事情节有了生动的发展，青铜家领养了孤儿葵花，家里增加了一个人，就增加了生活的负担。从此，青铜一家人更加辛勤地劳动。青铜无微不至地呵护着葵花妹妹，他们一起在艰难的生活中成长，读——

（屏幕显示，学生齐读）

> 青铜家领养了孤儿葵花。从此，青铜一家人更加辛勤地劳动。青铜无微不至地呵护着葵花妹妹，他们一起在艰难的生活中成长。

师："收罢秋庄稼"，继续读起来——

（屏幕显示，学生齐读）

> 收罢秋庄稼，青铜家就已决定：今年冬闲时，全家人一起动手，编织一百双芦花鞋，然后让青铜背着，到油麻地镇上去卖。

师：节选的这个故事主要是青铜卖芦花鞋的故事。这节课我们将进行三次训练活动。

（屏幕显示）

> 一、朗读识记；二、文意概写；三、细节品味。

师：同学们，开始我们的第一个活动——朗读识记。

（屏幕显示）

一、朗读识记

师：注意识记的要求是边朗读边努力地记忆。朗读课文中的生字，看屏幕，根据拼音朗读——

（屏幕显示，学生齐读）

将它们均匀地搓（cuō）进草绳里。

从穗上捋（luō）下来。

雪在他的祈（qí）求中，渐渐停了。

一路咯吱（gē zhī）咯吱地踩着雪走过来。

嘴里啧（zé）啧啧地感叹不已。

心里很为那人感到遗憾（hàn）。

他的赤脚踏过积雪时，溅（jiàn）起了一蓬蓬雪屑（xiè）。

（教师带读生字、词语）

师：我们再将这些句子读一读——

（学生再次齐读句子）

师：读得好！准确流畅。我们来朗读事物的描写片段，请在课本上找到这个片段，在旁边批注"事物描写"。

（屏幕显示，学生朗读）

这两双芦花鞋，实在是太好看了。那柔软的芦花，竟像是长在上面的一般。被风一吹，那花都往一个方向倾覆而去，露出金黄的稻草来。让人想到落在树上的鸟，风吹起时，细软的绒毛被吹开，露出身子来。两双鞋，既像四只鸟窝，又像两对鸟。

师："这两双芦花鞋，实在是太好看了。"把这个句子加横线，批注

"中心句"。后面的内容围绕中心句展开描写，或说明，或议论，这是一种写作的思维方式。好，再朗读一遍这个事物描写片段——

（学生再次朗读）

师：用联想的方法来展开描写，"那花都往一个方面倾覆而去，露出金黄的稻草来""让人想到落在树上的鸟"，这是联想的方法，又是比喻的方法，关键词是"太好看了"，下面的内容就围绕着"太好看了"来表现芦花鞋的好看。下面接着朗读这些写"雪"的句子。这几段话分散在课文之中，我们同样要加上横线，读——

（屏幕显示，学生朗读）

> 天下了一夜大雪，积雪足有一尺厚，早晨门都很难推开。
> 雪还在下。
> 街上几乎没有人，只有大雪不住地抛落在空寂的街面上。
> 到了中午，雪大了起来，成团成团地往下抛落。

师：大家一定感觉到这三段描写文字中的一个关键字，写雪的……

（学生一齐说出"大"）

师：对，写雪的"大"。"天下了一夜大雪"，它是怎样的大呢？"积雪足有一尺厚，早晨门都很难推开"。"积雪足有一尺厚"写得很具体，是直接描写，"早晨门都很难推开"是间接表现雪之大，作家的文笔真是优美。"只有大雪不住地抛落在空寂的街面上"，"抛落"一词写出了雪花之大，用雪花的大来写雪大。"到了中午，雪大了起来，成团成团地往下抛落"。除了"抛落"，还有"成团成团"，写得更加细腻了。大家在这里批注"景物描写"。

（学生批注）

师：我们接着朗读场景描写片段。就是游客们争着买芦花鞋的片段，从课文中找出这个片段，批注"场景描写"。场景描写是关于一个场面的描写，比如大家想描写教室里听课的情况就可以用场景描写。大家一起读——

（屏幕显示，学生齐读）

> 但他们走过芦花鞋时，却有几个人停住了。其余的见这几个人停住了，也都停住了。那十双被雪地映照着的芦花鞋，一下吸引住了他们。其中肯定有一两个是搞艺术的，看着这些鞋，嘴里啧啧啧地感叹不已。他们忘记了它们的用途，只是觉得它们好看——不是一般地好看，而是特别地好看。他们一个个走上前来，用手抚摸着它们——这一抚摸，使他们对这些鞋更加喜欢。还有几个人将它们拿到鼻子底下闻了闻，一股稻草香，在这清新的空气里，格外分明。

师：这里的描写就是场景描写。关键词是"好看""喜欢"。为什么有这么长一段的场景描写呢？就是为了表现芦花鞋的好看，这是侧面的表现，从人们感觉的角度、赞叹的角度、喜欢的角度，来表现芦花鞋，也为买卖芦花鞋做了铺垫。

（学生批注）

师：同学们真是很用心，边听讲边批注。我们再来朗读人物描写片段，写的是青铜怎样在寒冷的环境中，把自己脚上穿的芦花鞋也卖掉的情景，这叫人物描写，这是人物动作描写的内容，读——

（屏幕显示，学生齐读）

> 过了一会儿，他将右脚从芦花鞋里拔了出来，站在了雪地上。他的脚板顿时感到了一股针刺般的寒冷。他又将左脚从芦花鞋里拔了出来，站在了雪地上。又是一股刺骨的寒冷。他弯下腰，捡起了那双芦花鞋，放到眼前看着。因为一路上都是雪，那双鞋竟然没有一丝污迹，看上去完全是一双新鞋。他笑了笑，掉头朝那个人追了过去。

师：大家看这处细节描写多好，没有简单地写"将脚从鞋里拔了出来"，而是"右脚""拔了出来""感到了一股针刺般的寒冷"，又将"左脚""拔了出来""又是一股刺骨的寒冷"，这就叫细腻的描写，表现"冷"，和描写大雪的句子相照应。老师为大家安排这个环节有什么用意呢？读一读——

（屏幕显示，学生齐读）

> 小结：学习语言，可以运用"美段朗读"的方法。

师：对文章最美的地方反复地朗读，反复地品味，既能了解内容，又能学习它简洁、生动、准确、美好的语言，所以，学习语言，可以运用"美段朗读"的方法。多朗读必有好处！刚才在朗读中，我们的声音很好听，接下来我们要开始动笔了。现在开始我们的第二个活动——文意概写。默读课文，为每个部分列出小标题。

（屏幕显示）

> 二、文意概写
> 默读课文，为每个部分列出小标题。

师：这篇文章有非常美的表达。它的表达特点是：一层与一层之间，一个部分与一个部分之间有空行，于是文章被切分为四个部分。怎样列小标题呢？老师给大家示范。请做好笔记、批注。

（屏幕显示，学生批注）

> 一、采摘芦花，编织芦花鞋
> 二、天下大雪，去镇上卖鞋
> 三、＿＿＿＿，＿＿＿＿
> 四、＿＿＿＿，＿＿＿＿

师：第一部分，"采摘芦花，编织芦花鞋"，这个小标题有九个字。

第二部分，"天下大雪，去镇上卖鞋"，讲的是青铜去卖鞋，小标题同样有九个字。你们列的小标题也应是这种句式，第三、四部分由同学们列小标题，请动笔。

（学生动笔）

师：说一说你们拟的第三部分的小标题。

生1：我拟的第三个部分的小标题是，卖出剩下的十双芦花鞋。

师：这是一种概括，但是我们要用规定的句式——九个字的句子来表达。

生2：城里的人，买走芦花鞋。

师：城里的人，买走芦花鞋。九个字，可以呀。这个片段写的就是城里人把剩下的所有鞋子都买走了。

生3：城里人，买十双芦花鞋。

师："城里人"是三个字，如果能像示例那样用四个字的短语表达，会更有节奏感。

生4：与雪斗争，城里人买鞋。

师：这就是九个字了。与雪奋战，不怕严寒，是青铜的角度；城里人买鞋，是城里人的角度，有正面的描写，有侧面的烘托。很好！

生5：大雪停住，城里人买鞋。

师：也可以说"大雪停住，青铜来卖鞋"。咱们再来思考第四部分，把你的小标题告诉我们。

生6：有人想买，脱下芦花鞋。

师：有人想买，想买什么呢？最后说到脚上的芦花鞋，青铜就脱下芦花鞋。你的这种说法有古人作诗的味道。再来一位同学表达。

生7：脱下鞋子，卖鞋给那人。

师：脱下鞋子，有四个字，卖给那个人，这是很通俗的语言，但同样概括出了这部分内容。

生8：追向那人，卖掉脚上的芦花鞋。

师：把"卖掉脚上的芦花鞋"缩成"卖掉脚上鞋"，不就是五个字了吗？"追向那人，卖掉脚上鞋"便是九个字。同学们，你们多聪明呀！

你们都能按照老师的要求来概括，尽管有时候没有严格按照字数标准，但同样达到了概括的目的。谢谢同学们的努力，我们来看屏幕，请同学们拿起笔批注——

（屏幕显示，学生批注）

> 一、采摘芦花，编织芦花鞋
> 二、天下大雪，去镇上卖鞋
> 三、风雪之中，卖出十双鞋
> 四、不怕严寒，卖了脚上鞋

师：第三部分"风雪之中，卖出十双鞋"，不是一百双鞋，一百双鞋里先前已经卖出许多，那是略写，这里是详写，卖出十双鞋。为什么强调风雪？有风雪的描写，就能够表现青铜的懂事和不怕严寒。第四部分继续围绕大雪来概括，"不怕严寒，卖了脚上鞋"。这个故事的感人之处，就是连脚上穿的鞋都卖了，一是因为人家喜欢，二是因为卖掉这双鞋可以多赚一点儿钱。请大家继续批注——

（屏幕显示，学生批注）

> 一、采摘芦花，编织芦花鞋　（开端）
> 二、天下大雪，去镇上卖鞋　（发展）
> 三、风雪之中，卖出十双鞋　（高潮）
> 四、不怕严寒，卖了脚上鞋　（结局）

师：第一部分是故事的开端，所谓故事指的是故事情节；第二部分是故事的发展；第三部分故事情节发展到了高潮；第四部分是故事的结局。这篇小说很好地表现了短篇小说的结构特点：开端——发展——高潮——结局。

（屏幕显示）

> 主要按时间顺序展开故事情节。
> 故事线索：芦花鞋，青铜。
> 环境描写：大风雪。

师：还有一些知识点要记下来。"时间顺序"，这是读记叙文需要关注的顺序特点，文章主要按照时间顺序展开故事情节。整篇文章的故事线索是芦花鞋这个事物，这是事物形成的事实线索；还有一条线索，就是青铜这个人物，他成为贯穿整篇小说故事情节的线索。环境描写"大风雪"，用环境描写来表现人物的精神品质。

（学生做笔记）

师：这个环节可以让所有同学领会一种新的学习方法，读一读——

（屏幕显示，学生齐读）

> 小结：为每个部分列出小标题，是把握长文章内容的一种好方法。

师：学习长文章可用的一种方法是直接概括，另外一种方法是我们这节课学习到的——给各个部分列出小标题进行概括，这样长文章的基本内容就能理解了。下面，开始我们的第三个活动——细节品味。

（屏幕显示）

> 三、细节品味

师：这篇文章这么长，我们要品味什么细节呢？

（屏幕显示）

> 任务：思考一个有趣的问题，在《芦花鞋》的故事中，描写"下雪"有什么好处？

161

(屏幕显示)

> 天下了一夜大雪，积雪足有一尺厚，早晨门都很难推开。雪还在下。
>
> 街上几乎没有人，只有大雪不住地抛落在空寂的街面上。
>
> 到了中午，雪大了起来，成团成团地往下抛落。

师：这是我们刚才接触过、朗读过的描写大雪的句子。写大雪有什么好处呢？略略思考一下，请同学们回答。

生9：可以更好地体现青铜的不畏严寒和勇敢。

师：表现青铜的性格特点——不怕困难，不怕严寒。其实不仅仅是表现人物，还有更多的作用。再想想。

生10：我觉得除了写出当时的环境生活外，还说明了青铜的坚强和决心。为了他的家人，他一定要出去卖鞋，尽管当时他是很冷的，而且他的家人劝说他别出去，但他还是坚持一定要出去卖鞋。

师：这也是表现人物的，但从另外一个角度看，你刚才第一句话说到"写出当时的环境"，是的，雪的描写给我们读文章带来一种美感，环境描写的美感。

生11：这几句话突出当时环境的恶劣，也写出了青铜一家生活的艰辛。

师：这位同学看出了深刻的含义，为什么大雪天还要出去卖鞋呢？因为天越冷，人们越愿意买这种保暖的鞋子，这就表现了人物，表现了家庭的贫苦状况。

生12：大雪的描写还为下文做了铺垫，下文说他把脚上的芦花鞋卖给那人，如果没有雪的话，鞋子可能就脏了，就不可能卖给别人，这突出了青铜很善良，很纯朴。

师：这是非常深刻的见解了，如果是下雨怎么办呢？鞋子就脏了。因为下大雪，所以青铜在路上走的时候，鞋上没有一点儿污迹，最后这双鞋也卖给了那个喜欢鞋的人，这位同学的见解很深刻，很优美。

生13：我觉得生动描写了雪——最后青铜把脚上的鞋脱掉去追那个人时，溅起一蓬蓬雪屑，这里如果没有下雪，就没有雪屑，而且雪屑也衬托了青铜的勇敢。

师：如果你们再长大一点儿，到了初中，老师就会告诉你们，写大雪，也是为最后写青铜脚踏很深的雪、溅起一蓬蓬雪屑埋下的伏笔。同学们真是了不起，老师只是让你们略略思考，你们就回答得这么精彩。我们来看描写"下雪"的作用，读——

（屏幕显示，学生齐读）

> 描写"下雪"的作用
> 1. 设置困难环境；
> 2. 表现人物品质；
> 3. 形成故事波澜；
> 4. 丰富细节描写；
> 5. 进行巧妙铺垫；
> 6. 增添文中美感。

师：刚才同学们和老师的对话中，这些内容都涉及了，赶快做笔记，下雪的描写，大雪的描写，严寒环境的描写，都是设置困难环境，是为了突出青铜的品质。有了雪的描写，卖鞋就给青铜造成了更大的困难，这就形成了故事的波澜，同时有了大雪的描写，就有了丰富的细节描写，为故事情节发展做了巧妙的铺垫。曹文轩说过，读小说只要是读到环境描写的地方，一定要知道这是为了增加文章的美感而设置的。

（学生做笔记）

师：我们再次感受下雪描写的美感——

（屏幕显示，学生齐读）

> "下雪"的描写
> 1. 设置了故事中寒冷的自然环境；

> 2. 表现青铜不怕困难的勤劳品质；
> 3. 形成了故事发展中的情节波澜；
> 4. 丰富了对不同内容的细节描写；
> 5. 为卖出最后一双鞋进行了铺垫；
> 6. 景物的描写为文章增添了美感。

师：这个环节告诉我们什么道理呢，读——
（屏幕显示，学生齐读）

> 小结：小说作品中的风、霜、雨、雪、严寒、酷暑、山洪、飓风……都是为表现人物服务的。

师：读小说，看到环境描写的地方，就要想一想是否为人物服务呢？有了这个意识，阅读小说的水平就提高了。
（学生再次齐读）
师：作者曹文轩说，"苦难"，读——
（屏幕显示，学生齐读）

> 苦难几乎是永恒的。我们需要的是面对苦难时的那种处变不惊的优雅风度。

师：曹文轩笔下有很多栩栩如生的、成长中的少年人物形象。《草房子》这部小说很耐读，《草房子》的节选也进入了初中课文。随着年龄的增长，你们多读一些少年成长小说是很有益处的。谢谢同学们！下课。
生：谢谢老师，老师再见！

教学赏析

《芦花鞋》是"长文",对小学生而言,学习起来有难度。怎样才能化难为易呢?余老师的做法科学而高效。

选一个切入点——以巧妙的选点实现长文短教。教师不仅紧扣单元要求,把朗读、品析等作为全课重点进行短教,还在不同板块中选择有价值的内容进行短教:朗读中选择描写生动的美段,让学生在美读中体味生动的语言;品味时选择写雪的语段,让学生在分析中领悟环境描写的作用。选点是教师对教学内容的剪裁,对教学资源的提炼,可以真正实现"以点带面",以简驭繁。

交一把金钥匙——在板块小结中进行方法提炼。课中三次训练活动,每一个活动后面都有方法小结,"授人以鱼,不如授人以渔",交给学生一把学习小说的"金钥匙",能起到举一反三、触类旁通的作用。

搭一架小梯子——按"最近发展区"理论科学示范。通过列小标题方法来训练学生的概括能力是高难度活动,教师在最难处给学生搭建"小梯子",首先给出示范,然后引导学生踩着脚印、爬着梯子,一步一步达成目标,实现了难点突破。

|赏析| 贵州省江口县淮阳中学 陈海霞

五年级

14. 有趣的话题和有味的话题
——五上《小岛》课堂教学实录

时间：2021年11月2日

地点：江苏省苏州外国语学校

执教：余映潮

> **教学实录**

师：同学们，今天我们学习的课文是《小岛》。这篇课文告诉我们要热爱我们的祖国，一齐读一读——

（屏幕显示，学生齐读）

> 为什么我的眼里常含泪水？因为我对这土地爱得深沉。
>
> ——艾青

师：这是我国现代著名诗人艾青的诗句。《小岛》是略读课文，是军旅作品，是写军人生活的微型小说。

（屏幕显示）

> 《小岛》：略读课文，军旅作品，微型小说。

师：小说是文学作品，小说是虚构的故事，但是，它是以真人真事为基础的。《小岛》的主要人物是将军，故事展开的地点是小岛。

（屏幕显示）

> 主要人物：将军
> 地点设置：小岛

师：我们一齐把课文中的有关字词读一读——

（屏幕显示，学生齐读）

> 字词学习（一）
> 一愣（lèng）　　牙龈（yín）　　溃（kuì）烂
> 凝（níng）视　　汤勺（sháo）　　舀（yǎo）起
> 怔（zhèng）　　哽（gěng）

师："怔"就是"愣"的意思。注意"舀"的写法：撇、点、点、撇、撇、竖、横、横折、横、横。大家来写一下——

（学生练习）

师：还有一组词，读——

（屏幕显示，学生齐读）

> 字词学习（二）
> 驻扎：（军队）在某地住下。
> 牙龈：包住牙颈和牙槽骨的黏膜组织，粉红色，内有很多血管。通称牙床。
> 溃烂：伤口或发生溃疡的组织由于病菌的感染而化脓。
> 拘束：过分约束自己，显得不自然。
> 沉吟：文中指犹豫、迟疑。

师：将军沉吟了一下，就是指将军迟疑了一下。再把词语及含义读一遍——

（学生再次朗读）

师：开始我们的阅读实践，我们这次学习的课文阅读方法叫"整体反复"，就是我们要反复读这篇课文，那么怎么反复呢？老师带着大家来欣赏。

（屏幕显示）

> 研读方式：整体反复。

师：下面，开始我们的第一个活动——有趣的话题。《小岛》写出了什么，这其实就是概括《小岛》的内容。它一定是多角度的，同学们可以自由发现《小岛》写了什么。

（屏幕显示）

> 一、有趣的话题
> 《小岛》写出了什么？

师：细读课文，思考、概括，当然也可以在旁边批注你认为重要的关键词。

（屏幕显示）

> 活动：默读课文，进行概说。

（学生默读、动笔）

师：好，《小岛》写出了什么？可以表达你的看法了。

生1：我觉得从第1自然段的环境描写看出小岛的环境十分恶劣，所以战士们的生活非常艰难，体现了战士们顽强自立、默默坚守的精神。

师：说得好，《小岛》写出了战士们生活的艰苦环境，这就是一个方面的内容。

生2：将军吃饭时不搞特殊，和战士们同甘共苦，写出了将军和守岛战士的互相关爱。

师：非常准确地概括了官兵之间的关爱之情——官兵之情，上下级之间的感情，真实情感的流露。

生3：第29自然段，他们的菜地构成了一幅中国地图，体现了战士们非常爱国。

师：对呀，很关键的一个细节，热爱我们的祖国，热爱祖国的疆域、领土。

生4：这篇文章写的是一个将军到我国领海中的一个小岛探望的故事，赞美了守岛部队辛苦守岛和热爱祖国的精神。

生5：而且他们守岛的过程中还有自己的创造，他们种了一畦菜，使这个小岛充满了生机。

师：大家说得都很好，我们把关键词批注在课文标题的旁边。《小岛》写出了什么？艰苦环境。

（学生批注）

师：《小岛》写出了什么？奋斗精神。

（学生批注）

师：《小岛》写出了什么？爱国情怀。

（学生批注）

师：《小岛》还写出了什么？官兵情深。

（学生批注）

师：所以一个小小的话题，可以引出我们对课文多角度的观察和概括。我们一齐来读一读——

（屏幕显示，学生齐读）

> 《小岛》写出了艰苦环境：海防战士坚守在树少、草少、土也很少的离赤道很近的无名小岛上。
>
> 《小岛》写出了奋斗精神：战士们从家乡背土，在小岛上造地、搭棚、种菜。
>
> 《小岛》写出了爱国情怀：战士们在小岛上种出了一块中国地图形状的绿油油的菜地。

> 《小岛》写出了官兵情深：将军在小岛上发现了菜地，与战士们共进晚餐，共吃一碗青菜。

师：刚才大家的阅读方法好在哪里呢？好在抓住了关键的地方。于是，文章的主题就能迅速地被我们理解。继续读——

（屏幕显示，学生齐读）

> 《小岛》表现了海防战士们坚强乐观、热爱祖国的美好情怀。

师：下面，开始我们的第二个活动——有味的话题。我们的第一个活动是有趣的话题，这一次是有味的话题。

（屏幕显示）

> 二、有味的话题
> 《小岛》中，这句话非常重要……

师：进行细节的品析。《小岛》这篇小说中，某句话非常重要，需要联系全文，来分析某句话为什么重要。比如"无边无际的大海上，有一座小岛，远远望去，像一片云在天边浮着。这里树少，草少，土也很少，却驻扎着一群海军士兵"。"树少，草少，土也很少"，这句话也很重要。因为树、草、土都很少，所以才有了战士们想方设法把土从家乡背来，搭棚种菜的故事。请大家拿起笔，根据全文来分析哪一个句子很重要，同时可以把你感受到的关键词旁批在你需要品析的地方。

（屏幕显示）

> 活动：速读课文，写几句话。

173

（学生静读、动笔）

师：好，我们来分析文中的细节描写。

生6：第37自然段很重要。"他向着太阳，向着那片绿色，也向着小岛，行了一个标准的军礼。"这句话表现了将军的敬意，这不仅是对守岛战士们艰苦奋斗的敬意，是对乐观向上生活的敬意，也是对热爱祖国情怀的敬意，表达了将军奉献于祖国的决心。

师：好哇！这个句子是我们课后要求特别理解的一个句子，我们来看这个阅读提示："说说你对课文最后一个自然段的理解。"将军为什么要向着太阳，向着那片绿色，向着小岛，行一个标准的军礼呢？这其实就是对祖国领土的礼赞，对坚守在祖国边疆军人的礼赞，以此表达他内心的赞叹之情啊！

生7：我找到了第29自然段。"那一片油布已经翻开，露出了一大块菜地，那绿油油的一片，竟构成了一幅中国地图。"菜地的形状，表达了战士们的爱国之情。

师：它也有象征的意义，让人感觉到边陲战士们的细心，种菜就种菜吧，但是把菜地设计成中国地图的形貌，说明他们心中有祖国呀！远离大陆，在茫茫的大海上，守卫小岛，保卫祖国。我们可以继续向前看。大家看，"将军弯腰细看：好家伙，小小一块菜地，菜的种类还挺多。""晚饭后，我们就可以把油布都掀开，让您看看菜地的全貌。"这两个地方就埋下了伏笔，然后，故事情节继续发展，真正到了傍晚时，就把油布掀开，看到了菜地的全貌，这里就和前面的描写形成了——

生：呼应。（齐答）

师：照应。前面描写一次，后面再描写一次，形成美妙的照应。读小说，就要关注细节描写的照应。

生8：请大家跟我看第2自然段。"将军上岛时正是这儿比较凉快的时候，但也有二十多摄氏度。没法子，谁叫这儿离赤道近呢。小岛转一圈也用不了十分钟，所以，到第五分钟时，将军就发现了问题。"虽然看这一自然段和文章的情节没有很大的关系，但是它写出了小岛的环境十分恶劣。比较凉快的时候也有二十多摄氏度，写出了小岛的天气很炎热。而围着小岛转一圈也用不了十分钟，写出了小岛非常小，也对后面种菜的艰难进行了铺垫。

师：品析得非常好。"没法子，谁叫这儿离赤道近呢"，暗写了这个地方非常炎热。"小岛转一圈也用不了十分钟"，写了小岛之小。这个自然段还有一个非常重要的作用，将军上岛，这就让故事最重要的人物——将军，出现了，于是故事就一步一步地发展。小岛是场景，重要人物是将军，于是第2自然段就把将军"请"出来啦，因此，这一句话很重要。

生9：请看第4自然段。"因为主要吃罐头，有的战士上岛一段时间后，就会牙龈溃烂，嘴里起泡。从大陆上运来的蔬菜，还没上岛，就要烂掉一大半。"从这句话，我看出岛上的生活很艰苦，资源非常稀缺，但是在这么艰苦的环境里，战士们还在岛上守边防，体现了战士们的爱国情怀。

师：这位同学品析的这句话为什么重要呢？它指出了故事的背景，什么背景呢？没有青菜吃，只能吃罐头，牙龈溃烂，嘴里起泡，大陆来的蔬菜还运不到地方，就已经烂了。所以，就有了战士们自己背土、改造土地、搭棚种菜的故事的产生。没有菜吃，就要想办法自己种菜，于是就有了种菜的故事，小说就是这样在细节上非常严密地表现着情节。

生10：请看第4自然段的最后一句话。看着眼前绿油油的菜地，将军真怀疑自己是在做梦："这是怎么弄出来的？"在我们的生活中看到一块菜地，并不会表现出特别惊讶，但是将军看到岛上的一块菜地，十分惊讶，表现了小岛上的环境是十分恶劣的。

师：对呀，将军真怀疑自己是在做梦："这是怎么弄出来的？"我们也想知道是怎么弄出来的，这就叫设置悬念。悬念就是，我们想知道故事是怎么发展的，后续的内容是什么。

生11：请看第33自然段。"饭堂里，战士们正在吃饭，见将军进来，都停住了筷子。将军看了看他们桌子上的罐头，喉咙哽了一下，说：'同志们……'停了一下，又说：'孩子们，我给大家分菜，每人一筷子。'"这里的最后一句话，写出了将军和战士们之间的情谊特别深厚。

师：是呀，将军将"孩子们"三个字说得多亲切呀。"孩子们，我给大家分菜"一句中的"孩子们"就是指年轻的战士们。将军有了一点儿青菜吃，但是他要分给大家吃。官兵情谊就在这里表现出来了。但是大家不愿意接受他的青菜，所以故事情节又发生了一个美妙的转折，将军把菜倒到汤里去了，大家都来舀汤。"我给大家分菜"这个地方就是故事情节转折的一种铺垫。

生12：请看第5自然段。"队长说，他是北方人，从大棚种菜得到启示，就搞了这个油布棚，北方大棚是为防冻，这个棚却是防晒和防盐。菜地里的土，大部分是战士们从老家一口袋一口袋背来的。"这里说明了战士们都是尽了自己的一份力，到这个艰苦的环境中来想方设法地种菜，突出了他们对祖国的热爱。

师：多么让人感动啊！连土都是战士们从老家一口袋一口袋背来的，有了这些带着战士们心意的土，这个蔬菜棚就搭建起来了，种菜的地就形成了，自然就长出了绿油油的蔬菜。所以这里也是显示故事的背景的。

同学们品析得多好哇！这就是阅读欣赏。我们看，《小岛》中这句话非常重要，读——

（屏幕显示，学生齐读）

《小岛》中，"这里树少，草少，土也很少"这句话非常重要，为战士们背土、搭棚、种菜埋下了伏笔。

师：把埋下伏笔批注在这句话的后面。正是因为这些因素，所以才有背土、搭棚、种菜的故事情节的产生——

（屏幕显示，学生齐读）

《小岛》中，"将军上岛时正是这儿比较凉快的时候"这句话非常重要，它指出了课文的主要人物是"将军"，"将军"是这个故事中的线索人物。

师：请在第2自然段旁边批注"人物出场、线索人物"。从故事开场到故事结束，我们都能感受到，每个细节都和将军相关联，读——

（屏幕显示，学生齐读）

> 《小岛》中，"掀开油布一角，竟露出一片绿油油的菜地"这句话非常重要，它设置了悬念，引出了文章中的整个故事。

师：露出一片绿油油的菜地，这片菜地是怎么回事呢？这就是设置悬念。和后文也形成了照应，油布全掀开，就是祖国地图形貌的菜地。因此，这句话引出了文中种菜的整个故事，读——

（屏幕显示，学生齐读）

> 《小岛》中，"那一片油布已经翻开，露出了一大块菜地，那绿油油的一片，竟构成了一幅中国地图"这句话非常重要，它照应前文，有着非常深刻的含义和表现力。

师：这句话照应前文。我们这次从小说的技法来欣赏，这句话的作用就是表现爱国之情，表现战士们的智慧，表现战士们的奋斗精神，读——

（屏幕显示，学生齐读）

> 《小岛》中，"他向着太阳，向着那片绿色，也向着小岛，行了一个标准的军礼"这句话非常重要，表现了对坚守在海防前哨的军人的致敬和礼赞。

师：致敬和礼赞，是通过将军的动作描写表现出来的，这是一种侧面烘托的手法，从将军的角度来表示对可爱的、守卫在海防前哨军人们的致敬。

继续深化我们的阅读欣赏。刚才第一个话题是有趣的话题，第二个话题是有味的话题,现在第三个话题是有趣有味的话题,越来越难了。

(屏幕显示)

> 三、有趣有味的话题
> 这篇小说有着怎样的表达艺术?

师:这篇小说有着怎样的表达艺术?什么叫表达艺术?比如对话的描写,就是表达艺术,比如心理活动的描写,就是表达艺术,所以看起来很难,其实很简单。先看老师举例,读——

(屏幕显示,学生齐读)

> 《小岛》的表达艺术
> 比如整个故事的开端、发展、高潮、结局。

师:开端——将军上岛;发展——看到菜地;高潮——不吃战士们给他的菜,非要大家一起吃;结局——带着幸福的感觉,带着对战士们敬佩的感情离开了小岛。所以,开端、发展、高潮、结局就是表达艺术,全文的结构非常完整。

再看对人物动作、神情的描写表现了人物的心理活动。将军为什么要把菜倒到汤里面,其实就是表现他的心理活动,不愿意自己吃一盘菜,他要和战士们共享青菜。动作行为的描写,包括神情的描写,表现了人物的心理活动,这是一种美妙的描写角度,读——

(屏幕显示,学生齐读)

> 《小岛》的表达艺术
> 比如对人物的动作神情的描写表现了人物的心理活动。

师:继续看课文,你认为这篇小说,这个故事,还有哪些地方表现出表达艺术?或者写作艺术?

生13：第13~18自然段的对话，可以说明队长心中的矛盾，为后面大家让首长吃青菜埋下伏笔。

师：对话描写就是故事的细节，更真实，更生动。

生14：这篇小说还有侧面描写，在第36自然段，"一轮鲜红的太阳正在升起"。鲜红是中国国旗的颜色，所以这个地方侧面描写了战士和将军的爱国之情。

师："一轮鲜红的太阳正在升起"，是色彩描写，这种美好的色彩，有它的象征意义，表现我们的祖国是永远光明的，我们战士们在小岛上的生活也是充满幸福和安乐的，他们的生活也是光明的。所以这样的文章一定不会写阴暗的色彩，色彩描写也是为表现文章主题服务的。

生15：课文第1~2自然段的环境描写，为后文故事发展做了铺垫。

师：没有天气炎热的描写，就没有种菜故事的产生，所以环境描写也是故事情节产生的一个背景。假设描述一个地方很寒冷，那也许又是另外一个故事。所以环境的描写是为表现故事情节、表现人物服务的。

生16：第34自然段。从"战士们怕烫似的马上躲远"可以看出战士们心里是想把白菜让给将军吃，他们都知道将军的身体不大好，又上了年纪。这个细节表达了战士们对将军的致敬。

师：是呀！马上躲远，接着就引发了将军的一个动作，把手中的青菜倒进汤里，然后拿起汤勺在桶里搅了几下。这时故事情节发生了很大转折，小说在这个地方情节的陡转，这就是表达的艺术。

生17：第12自然段。"将军当然不会忘。还是他自己定下的规矩：在这一海域，为了减轻岛上的负担，吃住必须返回军舰。"将军为了减轻岛上的负担，给自己立了这个规矩，说明将军关心岛上的战士们。

师：这个地方很重要。将军本来是要回去的，但是他不回去了，于是故事情节在这里又发生了一个美妙的变化，将军晚上就住在这里，早上再离开，这就是一种构思的艺术，叫作"一晚一早地写故事"。大家学过《鸟的天堂》吗？《鸟的天堂》就是写一个傍晚和一个早上的故事，所以这两篇文章的构思技巧是一样的，写傍晚，写早上，"一晚一早地写故事"。你们的发现真奇妙！

这篇小说不是写炮火，不是写演练，而是写种菜。小小的故事表现军人坚强乐观的品质，热爱祖国的情怀，读——

（屏幕显示，学生齐读）

> 《小岛》的表达艺术
> 以小见大：一个小小的故事表现了军人坚强乐观的品质、热爱祖国的情怀。

师：对话描写的作用，一是推进故事情节的发展，二是表现人物的心理活动。在这篇课文中，大量的对话描写都是为表现人物之间的感情服务的，读——

（屏幕显示，学生齐读）

> 《小岛》的表达艺术
> 对话描写：大量的对话描写推进故事情节的发展，表现人物的情怀。

师：这篇小说有多个悬念，包括刚看到菜地的一角，其实也是设置的悬念。悬念设置吸引着我们一步一步地阅读。悬念是小说中一种重要的表达艺术，读——

（屏幕显示，学生齐读）

> 《小岛》的表达艺术
> 悬念设置："岛那边是什么东西，搞得那么神秘？是暗堡？"这是故事中的一个很重要的悬念……

师：掀开之后就发现了菜地，是一幅中国地图，照应前面菜地的描写。这篇文章在照应上也让我们感受到它的表达是很严密的，很生动的，读——

（屏幕显示，学生齐读）

> 《小岛》的表达艺术
> 照应严密：掀开油布一角，那一片油布已经翻开……

师：将军准备吃饭，炊事员端来一盘小白菜。将军得知战士们一个星期才能吃一次蔬菜，就端着盘子想和战士们分享。战士们爱护将军，马上躲远，于是，将军灵机一动，将菜倒进一桶汤里。这里的情节陡转淋漓尽致地体现了将军对战士的爱护之情，读——

> 《小岛》的表达艺术
> 情节陡转：写将军出人意料地将"那盘青菜"倒入汤中。

师：于是，大家都来喝菜汤，谁也不能拒绝。故事的结局非常完美。同学们，我们今天学习了美妙的小说阅读的方法，读——

（屏幕显示，学生齐读）

> 《小岛》的学习方法
> 整体阅读，多角度品析。

师：我们刚才开展了有趣的话题、有味的话题、有趣有味的话题的品析活动，老师就是从这三个角度带着大家反复欣赏的。

谢谢可爱的同学们，下课！同学们再见！

生：谢谢老师，老师再见！

> **教学赏析**

余老师的这节课，用"整体反复"的研读方式推进教学，在一节课的时间里，引导学生多角度地品析文章。

第一个活动："有趣的话题：《小岛》写出了什么？"组织学生默读课文，进行概述，读懂文章的内容，感受小岛的艰苦环境，体会人物的奋斗精神、爱国情怀和官兵情深。

第二个活动："有味的话题：《小岛》中，这句话非常重要……"组织学生速读课文，写几句话。学生在这个主问题的引导下，抓住课文中的关键词句，进一步欣赏品析，感受文章伏笔、悬念、照应之妙。

第三个活动："有趣有味的话题：这篇小说有着怎样的表达艺术？"这个主问题可谓绝妙，学生在前两个活动的基础上，再次深入理解课文，捡拾起散落在文中的表达之美：以小见大、对话描写、悬念设置、照应严密、情节陡转……

学生在这三轮阅读活动中三进三出，多角度品析，次次有发现，层层有推进。整节课有情趣有味道，体现了略读课文的独特教学方式。

|赏析| 江苏省苏州外国语学校　王园媛

15. 写一则描述松鼠某一特点的微文
——五上《松鼠》课堂教学实录

时间：2020 年 11 月 15 日

地点：四川省成都市龙泉驿区第二小学

执教：余映潮

▶ 教学实录

师：同学们，今天我们学习一篇科学说明文《松鼠》。首先要知道关于说明性文章知识的四个要点。

（屏幕显示）

> 知晓：关于说明性文章知识的四个要点。

师：大家看课文后面的"交流平台"。第一个要点：说明性文章可以帮助我们认识事物、获取知识。第二个要点：说明性文章为了把抽象、复杂的事物说得清楚明白，往往会使用打比方、列数字、举例子、做比较等说明方法。第三个要点：说明性文章通常抓住事物鲜明的特点进行具体说明。第四个要点：说明性文章的语言风格多样，有的平实，如《太阳》；有的活泼，如《松鼠》。这就是关于说明性文章最基础的知识。我们来继续了解，读起来——

（屏幕显示，学生齐读）

> 《松鼠》：一篇融知识性、科学性、趣味性于一体的科学小品。

183

师：请同学们在课文大标题旁边批注"科学小品"四个字。

（学生做笔记）

师：科学小品是很讲究生动性、趣味性、科学性、知识性的。所以读科学小品时我们会感到很有趣味，很有味道。接下来，我们来了解作者，读——

（屏幕显示，学生齐读）

> 布封：18世纪法国著名的博物学家、作家。

师：开始我们的第一个活动——简洁概说。

（屏幕显示）

> 一、简洁概说
> 在句子中用一个四字短语概括《松鼠》的主要内容：本文生动地说明了松鼠的_____。

师：看要求，本文生动地说明了松鼠的……用一个四字短语概括《松鼠》的主要内容。请想一想。

（学生静思）

生1：本文生动地说明了松鼠的生活习性。

师：好！很典型的概括性语言。

生2：本文生动地说明了松鼠的外形和生活习性。

师：没有准确审题呀，用四字短语。

生3：本文生动地说明了松鼠的乖巧驯良。

师：对！这就是松鼠的性格特点，因此它让人喜爱。

生4：本文生动地说明了松鼠的灵巧活泼。

师：又是四个字，这是对它性格特点的概括。

生5：本文生动形象地说明了松鼠的和驯善良。

师：对，这也是让人们喜爱的原因。还有新的说法吗？

生6：本文生动形象地说明了松鼠的乖巧驯良。

师：所以同学们在阅读的时候也是抓住了关键词的。看看老师的小结，大家读起来。本文生动地说明了——

（屏幕显示，学生齐读）

> 松鼠的漂亮乖巧。

师：继续读——

（屏幕显示，学生齐读）

> 松鼠的讨人喜欢。

师：继续读——

（屏幕显示，学生齐读）

> 松鼠的矫健轻快。

师：还有——

（屏幕显示，学生齐读）

> 松鼠的林中生活。

师：这都是可以用来概括本文的大意的。但是最全面的还是刚才第一位同学说的四个字。本文生动地说明了——

（屏幕显示，学生齐读）

> 松鼠的生活习性。

师：文中几乎每一个段落都是说明松鼠的生活习性的。请同学们把

"生活习性"四个字批注在课文标题的旁边。

（学生做笔记）

师：所以概括文章也是很有技巧的，必须从课文中抽取关键词且进行压缩，还要抽象地概括。下面，开始我们的第二个活动——字词积累。

（屏幕显示）

> 二、字词积累
>
> 驯（xùn）良　　矫（jiǎo）健　　玲珑（lóng）
> 帽缨（yīng）　　蛰（zhé）伏　　榛（zhēn）子
> 苔藓（xiǎn）　　狭（xiá）窄　　勉（miǎn）强
> 圆锥（zhuī）

师：再来读两遍——

（学生再次朗读）

师：这个"鼠"字是很难写的，它的笔顺难写，字形也难以写得好看。来，书空——

（学生书空"鼠"字）

师：会写"鼠"这个字之后，带"臼"的字我们就都会写了。继续学习字词，把词语的释意读一读——

（屏幕显示，学生齐读）

> 乖巧：机灵，灵巧；讨人喜欢。
> 驯良：和顺善良。
> 矫健：强壮有力。
> 玲珑：（东西）精巧细致；（人）灵活敏捷。
> 蛰伏：动物冬眠，潜伏起来不食不动。
> 警觉：对危险或情况变化的敏锐感觉。

师：把"蛰伏"再理解一下，读——

（学生再次朗读）

师：这篇课文有不少美词，一齐朗读——

（屏幕显示，学生齐读）

> 漂亮　驯良　乖巧　清秀　矫健　轻快
> 玲珑　美丽　警觉　响亮　敏捷　干净

师：这篇美文还有对称的短语，读起来——

（屏幕显示，学生齐读）

> 又干净又暖和　　既舒适又安全
> 爪子是那样锐利　动作是那样敏捷

师：好的，开始我们的第三个活动——文段精读。先看第1自然段，一齐朗读——

（屏幕显示，学生齐读）

> 三、文段精读
>
> 松鼠是一种漂亮的小动物，乖巧，驯良，很讨人喜欢。它们面容清秀，眼睛闪闪发光，身体矫健，四肢轻快。玲珑的小面孔，衬上一条帽缨形的美丽尾巴，显得格外漂亮。它们的尾巴老是翘起来，一直翘到头上，自己就躲在尾巴底下歇凉。它们常常直竖着身子坐着，像人们用手一样，用前爪往嘴里送东西吃。可以说，松鼠最不像四足兽了。

师：好。我们的活动是先读一读，再品一品。

（屏幕显示）

> 活动：先读一读，再品一品。

师：我们刚才读了整个段落，接着看一下课件，然后读一遍。

（屏幕显示，学生齐读）

> 松鼠是一种漂亮的小动物，乖巧，驯良，很讨人喜欢。它们面容清秀，眼睛闪闪发光，身体矫健，四肢轻快。玲珑的小面孔，衬上一条帽缨形的美丽尾巴，显得格外漂亮。它们的尾巴老是翘起来，一直翘到头上，自己就躲在尾巴底下歇凉。它们常常直竖着身子坐着，像人们用手一样，用前爪往嘴里送东西吃。
>
> 可以说，松鼠最不像四足兽了。

师：大家看，段落的层次就出来了。记住！第一层：描写说明。第二层：概括评价。这就是它表达之美的一个方面。继续再读，下面这种排列又不同了。

（屏幕显示，学生齐读）

> 松鼠是一种漂亮的小动物，乖巧，驯良，很讨人喜欢。
>
> 它们面容清秀，眼睛闪闪发光，身体矫健，四肢轻快。
>
> 玲珑的小面孔，衬上一条帽缨形的美丽尾巴，显得格外漂亮。
>
> 它们的尾巴老是翘起来，一直翘到头上，自己就躲在尾巴底下歇凉。
>
> 它们常常直竖着身子坐着，像人们用手一样，用前爪往嘴里送东西吃。
>
> 可以说，松鼠最不像四足兽了。

师：大家观察结构，总说——角度一，角度二，角度三，角度四——总说，这就是我们熟悉的结构。

生：总分总。（齐说）

师：批注吧。

（学生做笔记）

师：原来一个段落里面有那么多的奥妙呀！继续发现。请你批注这段文字，指出它的表达之美。首先批注，然后发言。

（屏幕显示）

> 话题：这段文字的表达之美表现在_____

师：看老师给大家的例子。

（屏幕显示）

> 用词之美，比如漂亮、乖巧、驯良、清秀、玲珑、美丽、矫健、轻快等。

师：这段文字的表达之美之一是用词之美。可以看出，作者是带着喜爱的情感来描述、说明松鼠的。现在大家动笔批注，过一会说说你的发现。

（学生静读、批注）

生7：这一段描写的是松鼠的外形美丽和动作的轻快。

师：外形描写之美或者说动作描写之美。

生8：我觉得这一段用词都非常的典雅，可以突出作者对松鼠的喜爱之情，不是一般的喜爱，是特别的喜爱。

师：好！作者笔下用的都是书面语言，因此叫"典雅"，而且能够让我们感受到作者对松鼠的喜爱之情。

生9：我还从文中的"帽缨形的美丽尾巴"知道了作者认为松鼠的尾巴十分漂亮，所以把它比作帽缨。

师：修辞手法之美，而且帽缨形尾巴给我们一种画面美的感觉。

生10：这一段中"它们常常直竖着身子坐着，像人们用手一样用前爪往嘴里送东西吃"的描写，突显了松鼠的聪明伶俐。

师：好！还表现了松鼠的形态可爱，而且用了比拟的手法。

生11：我还要补充一下，请大家看到第三横排，"它们的尾巴老是翘起来，一直翘到头上，自己就躲在尾巴底下歇凉"，这里也可以突出松鼠的聪明，"歇凉"这个词语也可以体现出美感。

师：我觉得还有一个词用得非常好——"老是"，其实这个词也是表现作者的喜爱之情，也可以表现他对松鼠的观察很细致。

师：一起来看一看这一段还有多少美呈现在我们面前。"短语运用之美"，读——

（屏幕显示，学生齐读）

短语运用之美，比如讨人喜欢、闪闪发光、身体矫健、四肢轻快、美丽尾巴、格外漂亮等。

师："层次之美"，读——

（屏幕显示，学生齐读）

层次之美：第一层，有序描述；第二层，深情评说。

师："句式之美"，读——

（屏幕显示，学生齐读）

句式之美，比如"玲珑的小面孔，衬上一条帽缨形的美丽尾巴，显得格外漂亮"。

师：为什么说是句式之美呢？首先有描述，然后有评说，这个句子像段落一样有两个层次，所以"显得格外漂亮"就抒发了作者的喜爱之情。

"描述之美"，读——

（屏幕显示，学生齐读）

描述之美，比如"像人们用手一样，用前爪往嘴里送东西吃"。

师："精练之美"，读——
（屏幕显示，学生齐读）

精练之美，比如"它们面容清秀，眼睛闪闪发光，身体矫健，四肢轻快"。

师：一个短短的句子，就对松鼠进行了全方位的描绘。还有"情感之美"，读——
（屏幕显示，学生齐读）

情感之美，比如"它们面容清秀，眼睛闪闪发光，身体矫健，四肢轻快。玲珑的小面孔，衬上一条帽缨形的美丽尾巴，显得格外漂亮"。

师：每次的段落深读、美读都是要告诉大家一个道理——我们读课文时，要发现作者是怎样表达的，有怎样的表达之美。我们再把关键词读一读，就有更深刻的理解了。"用词之美""短语运用之美"，这就是关键词，读起来——
（屏幕显示，学生再次齐读）

用词之美，短语运用之美，层次之美，句式之美，描述之美，精练之美，情感之美。

师：继续我们的训练活动，第四个活动——微文美写。
（屏幕显示）

191

四、微文美写

师：从课文中找句子、写微文，建议大家自由命题，利用课文词句，写一篇介绍松鼠某个特点的微文。

（屏幕显示）

　　建议：自由命题，利用课文词句，写一篇介绍松鼠某个特点的微文。

师：比如轻快的松鼠，就能描述松鼠某个方面的特点。

（屏幕显示）

　　例：轻快的松鼠。

师：大家读一读老师给大家带来的范文，读起来——

（屏幕显示，学生齐读）

轻快的松鼠

　　松鼠身体矫健，四肢轻快，总是小跳着前进，有时也连蹦带跳。它们满树林里跑，从这棵树跳到那棵树，一棵很光滑的高树，一忽儿就爬上去了。

师：注意！老师用的全部是课文中的句子，你们的写作也要这样。比如描述松鼠吃东西，课文中有很多地方写到了这个特点，那么就把这些句子组合起来成为一篇文章。再比如松鼠的窝，松鼠爬树，松鼠的叫声等。好，自由命题，利用课文词句写一篇介绍松鼠某个特点的微文。开始动笔。大家写作的时间为8分钟，要眼快、手快。

（学生动笔写作）

师：好多同学都写得很快。请朗读你的微文。

生12：松鼠的吃相。松鼠在秋天捡拾榛子时，总会用前爪捧着，小心翼翼地放在老树空心的缝隙里，有时也会偷吃一些，它用两只手把榛子放在嘴中，吃得嘎嘣脆，很香甜，看得出它真是一个小吃货呀！

师：好好好！我们这位小同学写的微文很有感情，而且富有想象力。但是老师说要用课文的原句，这可也是个难题呀！

生13：我写的是漂亮的松鼠。松鼠是一种漂亮的小动物，它们面容清秀，眼睛闪闪发光，身体矫健，四肢轻快，玲珑的小面孔，衬上一条帽缨形的美丽尾巴，显得格外漂亮。

师：好！扣住"漂亮"一词展开描写说明，而且用的词句都是从课文中整合出来的。

生14：轻快的松鼠。松鼠像飞鸟一样住在树顶上。它满树林里跑，从这棵树跳到那棵树。它总是小跳着前进，有时也连蹦带跳，一会儿就跳过去了。

师：这个标题很好，"轻快的松鼠"，把课文中与写松鼠轻快有关的内容整合出来，于是就成为一篇很有情味的小文章。

生15：我写的是松鼠的生活习性。松鼠经常在高处活动，它们满树林里跑，从这棵树跳到那棵树，它们在树上摘果实、搭窝。在平原地区人们几乎看不到松鼠，松鼠们只喜欢住在高大的树上，它们一般夜晚活动，白天休息。

师：很大胆地用了"生活习性"这个短语，围绕生活习性来展开自己的描写说明，还可以把它的吃相写进去，这也是一种生活习性。

生16：我写的是能干的松鼠。松鼠的窝通常搭在树枝分叉的地方，又干净又暖和，松鼠在秋天时把榛子塞到老树空心的缝隙里，塞得满满的，留到冬天吃。在冬天它们也常用爪子把雪扒开，在雪下面找榛子。

师：既能干，又聪明，它们很适应野外的生活，所以它们从来不会挨饿。

生17：我写的是爱干净的松鼠。松鼠用它们的爪子和牙齿梳理全身的毛，身上总是光溜溜、干干净净的。

师：还可以说它们是很聪明的，知道讲卫生，所以它们的身体往往是很健康的。

生18：我写的是松鼠搭窝。松鼠搭窝的时候，先搬起小木片，错杂地放在一起，然后用一些干苔藓编扎起来，再把苔藓挤紧，踏平，使那窝足够宽敞，足够结实。

师：嗯！"松鼠搭窝"，这个标题很生动，我们好像立刻看到勤劳的松鼠在聪明地忙碌着。

生19：我写的是聪明的松鼠。松鼠搭窝的时候会把窝口留一个圆锥形的盖，把整个窝遮蔽起来，下雨时雨水向四周流去，不会落在窝里。

师：嗯！多么聪明啊！我觉得同学们都很能干，老师说了一个建议，你们就从各个角度来发现课文中可供我们写微文的资源，然后把它们摘取出来，这其实就是一种学习方法。我们往往可以摘取文中的词句来形成一篇小小的文章，这样你的收获就会更大。现在，我们来朗读，"松鼠"，读——

（屏幕显示，学生齐读）

松　鼠

　　松鼠是一种漂亮的小动物，乖巧，驯良，很讨人喜欢。它们面容清秀，眼睛闪闪发光，身体矫健，四肢轻快。玲珑的小面孔，衬上一条帽缨形的美丽尾巴，显得格外漂亮。

师："轻快的松鼠"，读——

（屏幕显示，学生齐读）

轻快的松鼠

　　松鼠身体矫健，四肢轻快，总是小跳着前进，有时也连蹦带跳。它们满树林里跑，从这棵树跳到那棵树，一棵很光滑的高树，一忽儿就爬上去了。

师:"松鼠的尾巴",读——
(屏幕显示,学生齐读)

松鼠的尾巴

松鼠面容清秀,眼睛闪闪发光,尾巴老是翘起来,一直翘到头上。玲珑的小面孔,衬上一条帽缨形的美丽尾巴,显得格外漂亮。

师:"松鼠过冬",读——
(屏幕显示,学生齐读)

松鼠过冬

松鼠在秋天拾榛子,塞到老树空心的缝隙里,塞得满满的,留到冬天吃。在冬天,它们也常用爪子把雪扒开,在雪下面找榛子。它们常常直竖着身子坐着,像人们用手一样,用前爪往嘴里送东西吃。

师:"松鼠的窝",读——
(屏幕显示,学生齐读)

松鼠的窝

松鼠喜欢住在高大的老树上,它们的窝通常搭在树枝分杈的地方,又干净又暖和。窝口朝上,端端正正,很狭窄,勉强可以进出,窝口有一个圆锥形的盖。里面既宽敞又坚实,又干净又暖和,舒适而又安全。

师:"树上的松鼠",读——

(屏幕显示，学生齐读)

> **树上的松鼠**
>
> 松鼠像飞鸟一样住在树顶上，在树上做窝，摘果实，喝露水。它们的爪子是那样锐利，动作是那样敏捷，一棵很光滑的高树，一忽儿就爬上去了。

师：同学们，课文后面有一个练习，"默读课文，把从课文中获得的有关松鼠的信息分条写下来"。其实同学们刚才的写作比这道题的内容还要丰富，还要美好。这节课我们学会了一个道理：每篇课文都可以让我们来学习写作。我们今天学习的方法只是其中的一种，把有关词句集中起来表现一个方面的内容，于是它们就显得生动具体而美好。我们这一节课的学习容量大、活动多，而且形式美，特别是同学们的写作，让老师感觉到，你们真了不起。

(屏幕显示)

> 我们的课文学习：容量大，活动多，形式美。

师：好，谢谢同学们，下课。同学们再见！
生：谢谢老师，老师再见！

教学赏析

这节课由"主问题"牵引整个教学过程，且"板块式"教学思路清晰：学会概括——学会积累——学会精读——学会运用。板块与板块之间，层层推进，有序延展，又相互联系，相互依托。

这节课的教学讲究"实"：实实在在地利用课文中的教学资源，设计形态多样的课堂实践活动，扎实有效地训练学生技能，增加知识积累，促进语言学用。

这节课的教学讲究"丰"：教学内容有厚度，教学设计有深度，多角度利用文本资源进行朗读能力、概说能力、品析能力、微写阐释能力等不同层面的能力训练。

这节课的教学讲究"趣"：整个教学活动是充满意趣的，在雅致的教学氛围中让学生快乐且专注地参与课堂活动，在思考探究中享受学习过程。

"变教为学"是这节课最大的特色，四次训练活动，形式多样，旨在教会学生学习方法，让每一位学生都参与活动，都有所收获，全面提高学生的语文素养。

|赏析| 江苏省苏州外国语学校　金玲玲

16. "春夏秋冬"是一种美妙的写作思维
——五上《四季之美》课堂教学实录

时间：2021年10月24日

地点：安徽省阜阳市北外附属新华外国语学校

执教：余映潮

▶ 教学实录

师：同学们，现在我们开始学习美文《四季之美》。一齐朗读第七单元教学重点，读起来——

（屏幕显示，学生齐读）

> 第七单元教学重点：初步体会课文中的静态描写和动态描写。

师：四季的景物是多么赏心悦目呀！好，我们一齐读课文——

（屏幕显示，学生齐读）

> ### 四季之美
>
> #### 清少纳言
>
> 春天最美是黎明。东方一点儿一点儿泛着鱼肚色的天空，染上微微的红晕，飘着红紫红紫的彩云。
>
> 夏天最美是夜晚。明亮的月夜固然美，漆黑漆黑的暗夜，

> 也有无数的萤火虫翩翩飞舞。即使是蒙蒙细雨的夜晚,也有一只两只萤火虫,闪着朦胧的微光在飞行,这情景着实迷人。
>
> 　　秋天最美是黄昏。夕阳斜照西山时,动人的是点点归鸦急急匆匆地朝窠里飞去,成群结队的大雁,在高空中比翼而飞,更是叫人感动。夕阳西沉,夜幕降临,那风声、虫鸣,听起来也愈发叫人心旷神怡。
>
> 　　冬天最美是早晨。落雪的早晨当然美,就是在遍地铺满白霜的早晨,或是在无雪无霜的凛冽的清晨,也要生起熊熊的炭火。手捧着暖和的火盆穿过走廊时,那闲逸的心情和这寒冷的冬晨多么和谐啊!只是到了中午,寒气渐退,火盆里的火炭,大多变成了一堆白灰,这未免令人有点儿扫兴。

师: 读得真好听!老师听出来大家是带着一种陶醉的感情来读《四季之美》的。好,我们这节课的主要活动是:积累语言,增加知识。

(屏幕显示)

> 本节课的主要活动:积累语言,增加知识。

师: 请大家了解作者清少纳言,读——
(屏幕显示,学生齐读)

> 清少纳言:约966—约1025,日本著名的女作家。清是姓,少纳言是她在官中的官职。
> 《四季之美》:散文随笔。

师: 这是一篇散文,散文是文学作品的一种类型。我们把课文中的有关字词好好地读一读,认一认。一起来,读——
(屏幕显示,学生齐读)

> 泛：透出。
>
> 鱼肚色：像鱼肚的白色，往往指黎明时东方天空的颜色。
>
> 红晕（yùn）：中心浓而四周渐淡的一团红色。
>
> 翩翩（piān）飞舞：轻快飞舞的样子。
>
> 归鸦：归巢的乌鸦。
>
> 窠（kē）：鸟兽昆虫的窝。
>
> 比翼（yì）：翅膀挨着翅膀（飞）。
>
> 心旷（kuàng）神怡（yí）：心情舒畅，精神愉快。
>
> 凛冽（lǐn liè）：刺骨地寒冷。
>
> 闲逸（xián yì）：清闲，舒适。

师：好，再读一遍，要读流畅，纵向地读。"泛，鱼肚色，红晕，翩翩飞舞"，读起来——

（学生齐读字词）

师：好，观察一下字形。（教师范读一遍）一齐读——

（学生齐读字词）

师：嗯，这次就读得特别好了。下面，我们开始进入训练。第一次阅读训练，了解这篇文章的一种写作思维。

（屏幕显示）

> 一、了解一种写作思维

师：什么叫写作思维呢？就是这篇文章是怎样展开的。请观察课文。老师给大家出示了一个句子：春天最美是黎明。

（屏幕显示）

> 画出文中的关键句：春天最美是黎明。

师：再往下面看，和这句话对应的是——
生：夏天最美是夜晚。（齐读）
师：继续——
生：秋天最美是黄昏。冬天最美是早晨。（齐读）
师：啊，真好！"春天最美是黎明"，读起来——
（屏幕显示，学生齐读）

> 春天最美是黎明。
> 夏天最美是夜晚。
> 秋天最美是黄昏。
> 冬天最美是早晨。

师：啊，这是这篇文章中的四个关键句，关键词是"春"——
生：夏、秋、冬。（齐说）
师：原来写文章是可以按"春夏秋冬"的思维展开的。好吧，大家做好笔记，动笔批注在课本上——
（屏幕显示，学生做笔记）

> 积累1："春夏秋冬"是一种写作的表达角度。

师：咱们第一次积累的是美好的写作知识。"春夏秋冬"是一种写作的表达角度。老师观察你们做笔记的速度，下笔要快。下面，我们一起来见识一下"春夏秋冬"的写作思维，读起来——
（屏幕显示，学生齐读）

> 春风吹，夏雨落，秋霜降，冬雪飘。

师：同学们，这是我们小学一年级的课文：春风吹，夏雨落，秋霜降，冬雪飘。再看，《巨人的花园》的开头段是这样描写的，一齐读

201

起来——

（屏幕显示，学生齐读）

> 从前，一个小村子里有座漂亮的花园。那里，春天鲜花盛开，夏天绿树成荫，秋天鲜果飘香，冬天白雪一片。村里的孩子都喜欢到那里玩。

师：啊，又有了一次初步的感受，继续感受"春夏秋冬"的写作思维。"美丽的愿望"，读——

（屏幕显示，学生齐读）

> **美丽的愿望**
>
> 金色的小花，有个金色的愿望：春天来了，我要送给人们淡淡的清香……
>
> 绿色的小树，有个绿色的愿望：夏天来了，我要送给世界一片片阴凉……
>
> 明亮的小河，有个明亮的愿望：秋天来了，我要为丰收的大地快乐地歌唱……
>
> 洁白的雪花，有个洁白的愿望：冬天来了，我要给小学生们送去惊喜和欢畅……

师：你们真了不起，第一次和它相见就朗读得这么好。你们还记得吗？《美丽的小兴安岭》不也是按"春夏秋冬"的顺序展开的吗？再让你们看一首非常美妙的诗歌，诗人汪国真写的《感谢》。

（屏幕显示，教师范读第一节）

感　谢

汪国真

　　让我怎样感谢你／当我走向你的时候／我原想收获一缕春风／你却给了我整个春天

　　让我怎样感谢你／当我走向你的时候／我原想捧起一簇浪花／你却给了我整个海洋

　　让我怎样感谢你／当我走向你的时候／我原想撷（xié）取一枚红叶／你却给了我整个枫林

　　让我怎样感谢你／当我走向你的时候／我原想亲吻一朵雪花／你却给了我银色的世界

师： 好，接着往下读——

（学生接着读）

师： 美妙的思维方式，用"春夏秋冬"的思维写诗歌。好吧，同学们，这个活动就是告诉我们阅读的经验，当我们看到有的表达按"春夏秋冬"的思维方式展开的时候，我们马上就能够分析它是一种写作的方法。同时，同学们如果有兴趣，也可以在练笔的时候，按照这种思维方式来展开习作。下面，开始我们的第二次训练活动：知晓一种段落结构。

（屏幕显示）

二、知晓一种段落结构

师： 好吧，我们一起来朗读。我读每个段落的第一句，你们接着有情味地、有情致地朗读后面的句子。

（屏幕显示，教师读每个段落的第一句，学生接着读后面的句子）

四季之美

清少纳言

（领）春天最美是黎明。（合）东方一点儿一点儿泛着鱼肚色的天空，染上微微的红晕，飘着红紫红紫的彩云。

（领）夏天最美是夜晚。（合）明亮的月夜固然美，漆黑漆黑的暗夜，也有无数的萤火虫翩翩飞舞。即使是蒙蒙细雨的夜晚，也有一只两只萤火虫，闪着朦胧的微光在飞行，这情景着实迷人。

（领）秋天最美是黄昏。（合）夕阳斜照西山时，动人的是点点归鸦急急匆匆地朝窠里飞去。成群结队的大雁，在高空中比翼而飞，更是叫人感动。夕阳西沉，夜幕降临，那风声、虫鸣，听起来也愈发叫人心旷神怡。

（领）冬天最美是早晨。（合）落雪的早晨当然美，就是在遍地铺满白霜的早晨，或是在无雪无霜的凛冽的清晨，也要生起熊熊的炭火。手捧着暖和的火盆穿过走廊时，那闲逸的心情和这寒冷的冬晨多么和谐啊！只是到了中午，寒气渐退，火盆里的火炭，大多变成了一堆白灰，这未免令人有点儿扫兴。

师：好，老师为什么要带着大家这样朗读呢？其实是暗示大家：每个段落都有两个层次。

（屏幕显示）

> 划分段中的层次：
> 春天最美是黎明。东方一点儿一点儿泛着鱼肚色的天空，染上微微的红晕，飘着红紫红紫的彩云。

师：请各位同学观察，在课本上，在这一段某一个地方加上一条竖线，表示你能够划分这一段的层次了。

（学生动笔）

师：大多数同学都画得很准确。我们看，是不是这样的——

（屏幕显示）

> 划分段中的层次：
> 春天最美是黎明。｜东方一点儿一点儿泛着鱼肚色的天空，染上微微的红晕，飘着红紫红紫的彩云。

师："春天最美是黎明。"这是一个概略的描写，然后接着围绕这个句子展开不同层次的角度各异的描写内容。这个句子就叫作……（部分学生小声说：总分）哎，不是总分，总分是指一段话的结构，而这样的句子则叫作中心句。这篇文章四个自然段的结构形式都是一样的，分为两个层次：中心句，然后围绕中心句展开。好，做第二次积累笔记：中心句构段法。

（屏幕显示，学生做笔记）

> 积累2："中心句构段"法，表现出段落的清晰层次。

师：这是我们细读段落时必备的阅读能力，当然，说话、写作也是一样的，先说一个中心句，它很概括，很概略，然后围绕中心句展开叙述，展开描写等。《四季之美》中的四个段落给我们非常清晰的感受，每个自然段都有一个中心句，然后再围绕中心句展开描写。好，观察下面这个段落。

（屏幕显示）

> 西湖真美啊！只见湖的南北西三面是层层叠叠、连绵起伏的山峦，一山绿，一山青，一山浓，一山淡，真像一幅优美的山水画。平静的湖面，犹如一面硕大的银镜。一群群白鸥掠过

205

> 湖面，在阳光下一闪一闪，好看极了。

师：同学们一齐读这个段落的中心句。我想如果你们掌握了中心句构段的这个知识点，你们判断起来就不会很为难了。只读中心句，一齐读——

生：西湖真美啊！（齐读）

师：这个中心句大家判断得很准确。"西湖真美啊！"是中心句，然后围绕中心句展开对山峦和湖面的描写。对山的描写是静态的，对水的描写是动态的，有静景，有动景。咱们再来回忆一下三年级学的课文《富饶的西沙群岛》，这个段落同样有一个中心句。

（屏幕显示）

> 鱼成群结队地在珊瑚丛中穿来穿去，好看极了。有的全身布满彩色的条纹；有的头上长着一簇红缨；有的周身像插着好些扇子，游动的时候飘飘摇摇；有的眼睛圆溜溜的，身上长满了刺，鼓起气来像皮球一样圆。

师：好，一齐朗读中心句，读——

生：鱼成群结队地在珊瑚丛中穿来穿去，好看极了。（齐读）

师：哎呀，真好！这个"好看极了"也是一个关键词，后面的内容都是写"好看"的呀。大家看，这个段落结构多精致：有一个概略的描写，然后有细致的描写，这同样是一种写作思维。好，一齐读起来，把全段读一读——

（学生齐读）

师：这个片段就是动景的描写，而且作者运用了美妙的句式。比如有的……（学生和老师同时说）有的……有的……有的……，这就叫句式。可以用它来多角度地描述，可以说出非常流畅、生动的话语。继续增加难度。咱们的第三次训练是，品味一种行文笔法。

(屏幕显示)

> 三、品味一种行文笔法
>
> 　　夏天最美是夜晚。明亮的月夜固然美,漆黑漆黑的暗夜,也有无数的萤火虫翩翩飞舞。即使是蒙蒙细雨的夜晚,也有一只两只萤火虫,闪着朦胧的微光在飞行,**这情景着实迷人**。
>
> 　　秋天最美是黄昏。夕阳斜照西山时,动人的是点点归鸦急急匆匆地朝窠里飞去。成群结队的大雁,在高空中比翼而飞,**更是叫人感动**。夕阳西沉,夜幕降临,那风声、虫鸣,听起来**也愈发叫人心旷神怡**。

师:看第一段的开头,"夏天最美是夜晚"。作者描写夏天的夜晚很美,然后在这段的结尾有这样一句话,"这情景着实迷人"。再看,"秋天最美是黄昏",进行了美段的描写,然后穿插一次,"更是叫人感动",结尾再抒发情感,"愈发叫人心旷神怡"。既写景,又……你们要说出两个关键字,既写景,又……(学生纷纷小声说"写物")

生1:写物

师:两个什么字呢?好,请你说清楚,既写景,又——

生2:写物

师:哦,写事物。你们的表达太有意思了,怎么叫写物呢?好,你来说这两个字。

生3:既写了景,又写了事物。

师:哦。请你说话。

生4:我感觉是既写了景,又写了作者的情感。

师:哎,这就对啦。大家看,"这情景着实迷人"这句话不是写物,它是写作者内心感受的,这是非常重要的一种行文思路。"这情景着实迷人",这情景"愈发叫人心旷神怡",这就叫作"写景抒情"。好,第三次做笔记,把这四个字写得大大的,积累下来:写景抒情。

(屏幕显示,学生做笔记)

207

> 积累3:"写景抒情",是一种美妙的笔法。表现出写景文字的独特韵味、美的氛围。

师:就语文知识来说,就我们的读写能力来说,这是一个很重要的知识点。"写景抒情",写了景之后再抒情,是一种美妙的笔法,表现出写景文字的独特韵味、美的氛围。比如我们学习过的《牧场之国》,在描写了牧场之国的美好之后,"这就是真正的荷兰"反复出现,于是课文的情感氛围就很浓郁。好,大家批注"写景抒情"四个字就行了。下面,观察《鸟的天堂》的一个段落。

(屏幕显示)

> 榕树正值茂盛的时期,好像在把它的全部生命力展示给我们看。那么多的绿叶,一簇堆在另一簇上面,不留一点儿缝隙。那翠绿的颜色,明亮地照耀着我们的眼睛,似乎每一片绿叶上都有一个新的生命在颤动。这美丽的南国的树!

师:这一段是先写景再抒情的。试一下吧,把抒情句读出来。一齐读——

生:这美丽的南国的树。(一部分学生小声读出)

师:有一部分同学读对了,再来,把抒情句读出来,读——

生:这美丽的南国的树。(齐读)

师:这就对了。先写景,写榕树,然后赞叹,"榕树正在茂盛的时期,好像把它的全部生命力展现给我们看"。描写榕树的美好的颜色,然后情不自禁地抒情,"这美丽的南国的树"!

再看《大自然的声音》中的一个自然段。

(屏幕显示)

> 动物是大自然的歌手。走在公园里,听听树上叽叽喳喳的

鸟叫；坐在一棵树下，听听唧哩哩唧哩哩的虫鸣；在水塘边散步，听听青蛙的歌唱。你知道他们唱的是什么吗？他们的歌声好像告诉我们："我在歌唱，我很快乐！"

师：这有没有抒情的内容呢？也是有的，先写动物唱歌好听，然后顺势表达作者内心的情感，"你知道他们唱的是什么吗？"后面就是抒情。一齐把这一段读一读——

（学生齐读）

师："我在歌唱，我很快乐"，其实就是表达作者内心的一种情感，虽然作者在写动物，但是也在帮助动物们抒情啊，其实就是表现作者对生活的热爱，对美好事物的热爱。啊，再说一遍，四个字——

生：写景抒情。（齐说）

师：全对。下面，请同学们把刚才我们感受到的写景抒情的两个重要段落背下来。现在所有同学开始4分钟背诵，开始——

（屏幕显示）

积累4：背诵"夏天""秋天"两个美段。

（学生背诵）

师：声音可以大一点儿。老师很喜欢你们这样一种状态，不是跟着别人背，而是各自背诵，这是很好的学习状态，这样能让自己有真正的收获。老师最后还教给大家一点儿美好的知识。第四次训练：感受几种描写之美。

（屏幕显示）

四、感受几种描写之美

师：我首先说三个字，这篇美文，我们感受到了文中的"动态美"。

你们略微思考一下，你还感受到这篇美文中的什么样的美。想好了就发言，说三个字就行了。三个字，见水平。

生5：静态美。

师：好。这篇美文里面有大量的动态描写，但是有个别的地方写出了静态美。

生6：风情美。

师：这三个字用得好，《四季之美》写的就是一种自然的风情。

生7：我觉得是季节美。

师：季节美，说得也好。春、夏、秋、冬，每个季节都有它的特点，是季节美。

生8：抒情美。

师：对，这三个字说得好。整篇文章富有情致，富有情味。"微微的红晕，红紫红紫的云，漆黑漆黑的夜晚。"这就叫作——

生9：风景美。

师：好，风景美。美好的风景，一种特别的风景。

生10：自然美。

师：自然美，也很好。这篇文章写了大量的自然景物，春、夏、秋、冬各有它的美趣。

生11：颜色美。

师：对，这位同学说得好，颜色美。我们还可以换三个字：色彩美。大家来做笔记。这篇文章让我们感受到动态美、色彩美，还有一种美非常重要：画面美，对每个季节的描写都是用画面来展开的。

（学生做笔记）

师：还有一种高深的知识叫"映衬美"。我们看"映衬美"表现在哪里呢？夕阳西下的时候，夕阳是个大背景，然后有几只归鸦在飞回，这是相互映衬的。漆黑漆黑的夜晚，有一两只萤火虫闪着微光，黑暗中有一点儿微光，也是映衬美。好，我们来读一读，"四时景物皆成趣"，读——

（屏幕显示，学生齐读）

> 积累 5：
> 四时景物皆成趣：动态美，色彩美，画面美，映衬美。

师：还有同学们所说的风情美、情感美，都是我们可以感受到的，当然，还可以感受到它的语言美、结构美，所以这篇课文本身就是一片美的海洋。下面，把我们的学习过程回顾一下吧，读起来——

（屏幕显示，学生齐读）

> 一、了解一种写作思维
> 二、知晓一种段落结构
> 三、品味一种行文笔法
> 四、感受几种描写之美

师：大家都很用心，大家都很聪明。下课！同学们再见！
生：老师再见！

教学赏析

这节课运用了创新的"板块式"教学思路。

学生的美文美"读"，主要表现在四个方面。

朗读之美。学生有约 20 次的朗读，总时长约 15 分钟。教师适时组织课中朗读，巧妙地将学生的理解、品评、赏析引向实践和体验。

读写之美。教师教学的着眼点在"读"，在"写"，每个教学板块集中关注一个方面的教学内容："春夏秋冬"的写作思维，"中心句构段"法，"写景抒情"的笔法，"描写之美"。每个问题都引发一次探究、一次讨论、一次点拨，内容丰富、全面、深刻。

层次之美。四个活动层次明晰，表现出"一块一块来落实"的教学态势：活动一重在篇的把握，活动二重在段的讲析，活动三重在线条的梳理，活动四重在知识点的集聚。"切口"越来越细小，讲析和品评越来越细腻。

丰实之美。学生背诵两个美段，多次做笔记，多次课文联读，有文学、写作知识的积累，有情感性、思维性体验的积累，读写能力得到扎实的训练，学生的收获是多元的、厚实的。

|赏析| 河南省洛阳市涧西区东升第一小学　郐慧娟

17. 巧"写"一首诗
——五下《祖父的园子》课堂教学实录

时间：2018年5月30日

地点：江苏省苏州外国语学校

执教：余映潮

> **教学实录**

师：同学们，今天我们学习一篇美文，一篇写童年生活的美文，《祖父的园子》。同学们一齐读一读作者简介——

（屏幕显示，学生齐读）

> 萧红（1911—1942），黑龙江人，中国现代著名女作家。1935年以萧红为笔名，发表成名作《生死场》，著名长篇小说《呼兰河传》是她后期的代表作。

师：拿起笔，在课文注释的旁边标注"中国现代著名女作家，代表作为《呼兰河传》"。这篇文章就节选自这部小说。

（学生做笔记）

师：这节课请大家完成以下三个任务。

（屏幕显示）

> 一、美美地说；二、美美地写；三、美美地析。

师：开始我们的第一次训练活动——美美地说。大家要美美地说一段话，根据课文的内容来说话。一齐读吧——

（屏幕显示，学生齐读）

> 一、美美地说
>
> 祖父的园子是一幅明丽的富有童话色彩的画，画里有花草……。这是"我"童年的乐园。

师：这里的省略号，表示大家根据课文内容要说的话。每位同学准备3分钟。要拿起笔圈出来，然后才有话说；要说得很简洁，就必须寻觅课文中的关键词句。如有花草，有蜜蜂，有……有……等。这样就把课文内容简单、明了、生动地说出来了。

（学生静读、动笔）

师：我观察到大家有的在圈点，有的在勾画，有的在思考。现在请发言。

生1：祖父的园子是一幅明丽的富有童话色彩的画，画里有花草，有风筝，有蝴蝶，有蜻蜓，有蚂蚱，有太阳，有鸟，还有"我"和"我"的祖父。

师：最后面可以加一句，这是"我"童年的乐园。

生2：祖父的园子是一幅明丽的富有童话色彩的画，画里有花草，有小鸟，有虫子，有太阳，有"我"和"我"的祖父，还有"我"童年的回忆。

师：祖父的园子里有"我"的快乐，这就扣住了"这是作者童年的乐园"来说话。这位同学说得好。请同学们继续说话。要诗意地说，要充满感情地说。

生3：祖父的园子是一幅明丽的富有童话色彩的画，画里有花草，有昆虫，有明亮的太阳，有"我"无忧无虑的童年，还有那和蔼可亲的祖父。

师：还有明亮的太阳照耀在"我"的身上。请继续说话。

生4：祖父的园子是一幅明丽的富有童话色彩的画，画里有花草，有昆虫，有疼爱"我"的祖父，还有非常多的快乐。

师：这就是童年的乐园。大家说得好。一齐读起来——

(屏幕显示，学生齐读)

> 祖父的园子是一幅明丽的富有童话色彩的画，画里有花草，有瓜菜，有庄稼，有蜜蜂，有蜻蜓，有蝴蝶，有蚂蚱，有小鸟，还有太阳的光芒……这是"我"童年的乐园。

师：你们朗读的速度快了一点儿，没有诗意，老师范读一下，这样诗意就出来了。(教师范读)请大家再读——

(学生再次朗读)

师：很好，我看见你们的表情了。大家的思绪、思维已经进入诗一般的意境了。这样的朗读就有音乐美了，多好听啊，谢谢大家的努力。现在我们要说的是——

(屏幕显示)

> 文章字里行间都有"玩耍"两个字。你们就要用这样的句式说话，但是不能再说"玩耍"。

生5：文章字里行间都有"自由"两个字。

师：这位同学真是了不起，他一下子就把一个非常重要的关键词说出来了。这篇文章写的是"我"的无忧无虑。

生6：文章字里行间都有"快乐"两个字。

师：同样，因为自由，所以快乐。因为园子里有动物、植物，所以快乐。

生7：文章字里行间都有"童趣"两个字。

师：又是美妙的表达，用儿童的眼光来回忆往昔的生活，"童趣"用得太好了。

生8：文章字里行间都有"生机"两个字。

师：生机勃勃，一切都是那样的生机盎然。

生9：文章字里行间都有"悠闲"两个字。

师：玩耍嘛，就是享受生活，享受园子里的美景，享受太阳的光芒；

悠闲嘛，就是从容地玩耍。真是太好啦！同学们读起来——

（屏幕显示，学生齐读）

> 文章字里行间都有"童年"两个字，文章字里行间都有"自由"两个字，文章字里行间都有"色彩"两个字，文章字里行间都有"快乐"两个字，文章字里行间都有"诗意"两个字。

师：多美好的童年生活呀！我们现在顺势趣学一组词。我们马上就能感受它们的特点——

（屏幕显示，学生齐读）

> 蜜蜂　　蝴蝶　　蜻蜓　　蚂蚱

师：请观察、分析。

生10：都是祖父园子里的昆虫。

师：还应该有新的发现。

生11：都是给萧红童年带来快乐的昆虫。

师：又是美妙的表达，但是我们还没有分析它们的结构。

生12：它们都有虫字旁。

师：对，我们今天学习字词的方法就是分类的方法。我们再来看还有多少这样的美词，一齐读——

（屏幕显示，学生齐读）

> 蜈蚣　　蚕蛹　　蛤蟆　　螃蟹　　蟋蟀
> 螳螂　　蟒蛇　　蝌蚪　　蚯蚓　　蝙蝠

师：认字、识字要讲究方法，一类一类地进行整合，就是字词学习的一种方法。

下面开始我们的第二次训练活动——美美地写。这是很有味道的学习活动,就是利用课文的句段来写诗,叫作巧"写"一首诗。大家不要急着下笔,请读老师写的诗——

(屏幕显示,学生齐读)

> 二、美美地写
>
> 蜜蜂嗡嗡地飞着,满身绒毛,落到一朵花上,胖乎乎,圆滚滚,就像一个小毛球。

师:这句话,格式一变就成了一首诗——
(屏幕显示)

> 蜜蜂嗡嗡地飞着,
> 满身绒毛,
> 落到一朵花上,
> 胖乎乎,
> 圆滚滚,
> 就像一个小毛球。

师:还有,请读下面这首诗——
(屏幕显示,学生齐读)

> 祖父戴一顶大草帽,
> 我戴一顶小草帽。
> 祖父浇花,
> 我就浇花。
> 祖父拔草,
> 我就拔草。

217

师：把"就"字重读，就好听了。再读一次——

（学生齐读）

师：这就把调皮劲儿表现出来啦。请每位同学从课文中撷取一个描写生动的句子，把它"写"成一首诗。当然你还可以创造，把两个地方的内容加起来，也是可以的。请动笔写诗，写诗的时间为4～5分钟。

（学生书写）

师：有些同学写完了，写完了怎么办呢？把它背下来，默默地背。写一写，背一背，一会儿就可以站起来朗诵诗歌了。发言的要求是背出来，而不是照着书本读。好的，请背诵你的诗歌。

生13：一切都活了，要做什么就做什么，要怎么样就怎么样。都是自由的。

师："就"可以重读。这位同学会背了。

生14：花开了，就像睡醒了似的。鸟飞了，就像在天上逛似的。虫子叫了，就像虫子在说话似的。

师：到处都是自由的色彩。

生15：倭瓜愿意爬上架就爬上架，愿意爬上房就爬上房。黄瓜愿意开一朵花，就开一朵花，愿意结一个瓜，就结一个瓜。若都不愿意，就是一个瓜也不结，一朵花也不开，也没有人问它。玉米愿意长多高就长多高，它若愿意长上天去，也没有人管。一切都活了，要怎么样就怎么样，都是自由的。

师：你真努力呀，背了这么长的诗。真好。倭瓜藤很低，黄瓜藤很高，玉米秆更高，这是很有条理的表达。

生16：园子里有蜜蜂，有蝴蝶，样样都有。

师：还可以多写一点，这样就更美了。

师：请同学们读一读我们写的诗——

（屏幕显示，学生齐读）

（一）

花开了，
就像睡醒了似的。
鸟飞了，
就像在天上逛似的。
虫子叫了，
就像虫子在说话似的。

（二）

蝴蝶随意地飞，
一会儿从墙头上
飞来一对黄蝴蝶，
一会儿又从墙头上
飞走一只白蝴蝶。
它们是从谁家来的，
又飞到谁家去？
太阳也不知道。

（三）

祖父浇菜，
我也过来浇，
但不是往菜上浇，
而是拿着水瓢，
拼尽了力气，
把水往天空一扬，
大喊着：
"下雨啰！下雨啰！"

（四）

来了风，
榆树先呼叫，
来了雨，
榆树先冒烟。
太阳一出来，
榆树的叶子就发光了，
它们闪烁得
和沙滩上的蚌壳一样。

师： 多么美丽的小诗，谢谢大家写了那么好的诗，读了那么好的诗，背了那么好的诗。下面，是我们第三次训练活动——美美地析。这是最后一个训练任务：细读一个段——

（屏幕显示，学生齐读）

三、美美地析

花开了，就像睡醒了似的。鸟飞了，就像在天上逛似的。虫子叫了，就像在说话似的。一切都活了，要做什么，就做什么。要怎么样，就怎么样，都是自由的。倭瓜愿意爬上架就爬上架，愿意爬上房就爬上房。黄瓜愿意开一朵花，就开一朵花，愿意结一个瓜，就结一个瓜。若都不愿意，就是一个瓜也不结，一朵花也不开，也没有人问它。玉米愿意长多高就长多高，它若愿意长上天去，也没有人管。蝴蝶随意地飞，一会儿从墙头上飞来一对黄蝴蝶，一会儿又从墙头上飞走一只白蝴蝶。它们是从谁家来的，又要飞到谁家去？太阳也不知道。

师： 请大家看学习要求——

（屏幕显示）

> 1. 圈出段中的一个关键词。
> 2. 揣摩这段文字中语言表达的一些美点。
> 3. 知道一种可以学用的段落形式。

师：圈出关键词，段中有一个词可以统领全段内容。揣摩语言表达的美点，美在用了什么样的句式，美在写了什么色彩，美在写作的顺序等，这都是你们要思考的问题。"段落形式"的问题，我给大家解答。

（学生静读、思考、圈关键词）

师：关键词读不出来，这个段落就读不懂了。大家一齐把这个关键词说出来！

（学生一齐说"自由"）

师：真是要好好地表扬你们。这段话中，"自由"是关键词，所有的景物都是围绕"自由"来写的。再请各自说话，品析这段文字的语言美。

生17：写得特别生动。

师：说话时需要加个例子，以此表明你的观点是准确的。

生18：作者把所有的事物都写活了。比如"花开了，就像花睡醒了似的"，写得像人似的。

师：一切都活了，这个"活"字很重要。

生19：作者巧用了拟人的方法。

师：这位同学说到点子上了。

生20：这段用了借景抒情的方法，作者说一切都是自由的，作者的心也是自由的。

师："借景抒情"这四个字说得真美妙，文中字里行间渗透着"我"热爱生活的情感。

生21：这一段还运用了排比的修辞手法。比如"倭瓜愿意，就愿意……"。

师：排比的句式同样有音乐的美感，而且彼此照应。写众多的景物表现"自由"。

生22：这里用了白描手法，将景物写得富有诗意。比如"白蝴蝶，黄蝴蝶……"。

师：真不简单，"白描"两个字都知道。

师：大家都说得很好，我们还要增加知识点。看这一段话中有那么多的美，读——

（屏幕显示，学生齐读）

> 画面美，动静美，色彩美，句式美，用词美，手法美，层次美，情致美（写景抒情，写物抒情）。

（学生做笔记）

师：大家完成了两个问题，第三个问题是我给大家讲的。

（屏幕显示，教师讲述）

师：这一段话的主要内容是，先大体地写"自由"，再细细地写"自由"，这叫"先概写，再细写"。请大家把这六个字记下来。即先概略地总写一笔，然后有层次地、有顺序地、细细地写上几笔。

我把这一段的主要内容变了一种形式，读——

（屏幕显示，学生朗读）

> 一切都活了，要做什么，就做什么。要怎么样，就怎么样，都是自由的。（这是概写一笔）
>
> 倭瓜愿意爬上架就爬上架，愿意爬上房就爬上房。黄瓜愿意开一朵花，就开一朵花，愿意结一个瓜，就结一个瓜。若都不愿意，就是一个瓜也不结，一朵花也不开，也没有人问它。玉米愿意长多高就长多高，它若愿意长上天去，也没有人管。蝴蝶随意地飞，一会儿从墙头上飞来一对黄蝴蝶，一会儿又从墙头上飞走一只白蝴蝶。它们是从谁家来的，又要飞到谁家去？太阳也不知道。（这是细写几笔）

师：我们还可以看出来，细写的几笔是，由低处到高处，由植物到动物，从静态到动态。所以，"先概写，再细写"是思维严密、层次清晰的一种表达形式。请同学们顺势将这段话背诵下来。

（学生背诵）

师：同学们，这节课我们主要进行了三次训练活动——美美地说，美美地写，美美地析。谢谢同学们的努力。下课。同学们再见！

生：谢谢老师，老师再见！

教学赏析

余老师的这节课由三次课中训练活动构成——美美地说，美美地写，美美地析。这节课完美地阐释了"板块式"思路的特点，教学过程清晰有序，表现出"一块一块地来落实"的教学形态。

这节课设计了"主问题"活动方式。"主问题"引领着所有学生的阅读实践活动，实现集体训练，并达到了"无零碎提问"的教学境界。

这节课的教学手法是"诗意手法"。概说课文、趣学字词、变文为诗、选点精读，这些美妙的富有创意的课中活动层出不穷。这些教学手法既有情趣，又很实用，而且具有审美意味。

这节课的细节特点是：开课入题，直入教学情境；交代清楚，教学环节的过渡语言明晰；形式灵动，三次训练活动，表现出三种不同的训练角度；重视收获，课中积累丰富。

| 赏析 | 河南省汝阳县教育体育局教学研究室　狄建平

18. 教你学阅读之一二三
——五下《军神》课堂教学实录

时间：2021 年 5 月 25 日

地点：河南省汝阳县实验小学

执教：余映潮

教学实录

师：同学们，下面我们开始课文《军神》的学习。请大家把第四单元教学重点读一读——

（屏幕显示，学生齐读）

> 第四单元教学重点：通过课文中动作、语言、神态的描写，体会人物的内心。

师：我们读单元训练重点，就是想让同学们知道文章是怎样通过语言、动作、神态描写，来表现人物心理活动的。所以，我们看描写，不仅要看表面的内容，如这是动作描写，这是语言描写，还要看这些描写是怎样表现人物心理活动的。"军神"的含义深刻，一齐读——

（屏幕显示，学生齐读）

> 有着钢铁般意志的军人。

师：啊，这就是军神。一齐读课文简介——

（屏幕显示，学生齐读）

本文作者毕必成。文章描写了青年军人刘伯承右眼负伤求治时，手术中坚决不用麻醉剂，以自己钢铁般的意志赢得德国医生的敬佩，被称为"军神"的故事。

师：这是故事的基本内容。我们来了解刘伯承，一齐读——
（屏幕显示，学生齐读）

刘伯承（1892—1986），四川省开县人（现重庆市开州区）。中国人民解放军的创始人和领导人之一，中华人民共和国元帅，伟大的无产阶级革命家和军事家。

师：再看故事的背景，读——
（屏幕显示，学生齐读）

1916年，刘伯承率领川东护国军，参加了反对袁世凯称帝的战斗，被子弹打伤了右眼而负重伤，后在一家外国教会医院接受秘密治疗。

师：本文写的就是这个故事。这只右眼伤得有多重呢？"眼球"在这次手术中是被摘除掉了的，就是这么重的伤。下面，请同学们将文中有关的字音字形了解一下，一齐读——
（屏幕显示，学生齐读）

愣（lèng）住　绷（bēng）带　由衷（zhōng）
晕（yūn）过去　堪（kān）称

师：好的，再读一次——
（学生齐读）

225

师：继续词义理解，读——

（屏幕显示，学生齐读）

> 审视：仔细看。
> 一针见血：比喻话说得简短而能切中要害。
> 由衷：出于本心。
> 堪称：可以称作，称得上。
> 肃然起敬：表现恭敬的态度和心情。
> 荣幸：光荣而幸运。
> 久仰：客套话，仰慕已久（初次见面时说）。

师：这些词语都是书面语。文学作品在描写时经常用书面语言，以表现它文学的味道。把生动的短语也读一读——

（屏幕显示，学生齐读）

> 一针见血　从容镇定　目光柔和　汗珠滚滚
> 一声不吭　青筋暴起　汗如雨下　肃然起敬

师：这些都是描写类的词语。下面，我们开始朗读课文，感受"军神"钢铁般的意志。怎么朗读呢？先各自朗读。再怎么朗读呢？再像讲故事一样的朗读。开始朗读吧——

（屏幕显示，学生自读课文）

师：好的。像讲故事一样的朗读，有什么好处呢？这样读能使你进入课文的情节、细节，感受故事中的人物，并且以声传情，用你的声音传达课文描写的内容、对话的内容和抒情的内容等。所以，像讲故事一样的朗读，是一种层次很高的朗读要求。现在老师教同学们学阅读之一：纵向品析。这篇课文，我们可以作为小说来阅读。

（屏幕显示）

一、纵向品析

师：什么是纵向品析呢？就是从一篇文章的第一句开始，往下看，往下看，看到最后一句话，然后就思考有什么发现。比如你想发现文中的照应，你就需要一个地方、一个地方地观察，分析后面是怎样照应前面的，前面和后面形成了什么样的照应，这就是纵向阅读。我们这次的纵向阅读训练，是请同学们品析文中对沃克医生的神态描写，体味其美感与作用。

这篇文章对沃克医生的神态描写非常丰富，角度多样。比如沃克医生看见来了这个病人，他"冷冷地问"，这就和他后来的神态变化形成了对比；而且，这个"冷冷地问"表现出沃克医生本身的性格特点。但是，他看到这个病人眼睛负了重伤，他的神情就有了变化，"闪出一丝惊疑"。

现在请你们拿起笔，把"冷冷地问"圈出来，再把"一丝惊疑"圈出来，然后一直圈下去，把所有你能够发现的、对沃克医生神态描写的关键词圈出来，一直圈到最后，这就叫纵向阅读、纵向品析。

（学生默读、圈画、品析）

师：好！请一位同学来朗读你圈画的关键词。只读关键词。

生1：冷冷地问 → 一丝惊疑 → 冷冷地问 → 柔和下来 → 愣住了 → 由衷 → 惊呆了 → 慈祥的神情 → 肃然起敬。

师：好的，谢谢。这位同学实践了这次纵向阅读，发现了很多美妙的、贯穿全文的细节描写，即对沃克医生神态的细节描写。但是，还有一些地方没有圈出来。再来一位同学，朗读你圈出的关于沃克医生神态描写的关键词。

生2：冷冷地问 → 一丝惊疑 → 冷冷地问 → 一针见血地说 → 目光柔和下来 → 生气地 → 再一次愣住 → 从容镇定 → 汗珠滚滚 → 由衷地 → 惊呆了 → 脸上浮出慈祥的神情 → 肃然起敬。

师：谢谢！请坐！似乎还有一个地方，"沃克医生的眉毛扬了起来"，这个地方是表现他生气时的神态的，"怎么能这样呢？这么重的病，不打

麻药！"眉毛扬了起来，表现了医生的生气。大家读起来——

（屏幕显示，学生齐读）

> 沃克医生：冷冷地问→一丝惊疑→冷冷地问→目光柔和→眉毛扬了起来→生气地→再一次愣住了→口吃地→由衷地→惊呆了→脸上浮出慈祥的神情→肃然起敬……

师：可能从二、三年级开始，到现在的五年级，老师们常常给我们强调文中的"线索"，现在你们感觉到了吧，"线索"就是这样贯穿全文的呀！请想一想，对于沃克医生神态的描写有什么好处，有什么作用？

生3：这是侧面描写，从侧面衬托出刘伯承钢铁般的意志。

师：我们还可以说细一点儿，哪个地方最有表现力呢？对沃克医生进行这样细腻的神态描写，它的美感、它的作用是什么呢？

生4：这些词语，从医生的角度突出了病人的伤势非常严重，不打麻药做手术几乎是不可能的。

师：文中侧面映衬的角度是细腻而丰富的，让我们感受到作者的艺术匠心。

生5：这一连串的人物神态的描写，也表现出生动的细节描写。

师：嗯，刘伯承的伤势以及治疗中的各个细节，往往由沃克医生的神态描写表现出来，文中的神态描写也是细节描写，让故事情节波澜起伏，同时也表现出衬托手法的反复运用。

（屏幕显示，学生做笔记）

> 神态描写，美妙细节，表现心情，情感线索，映衬烘托……

师：这里的每一个细节都与神态有关，这就是神态描写；这是故事中的美妙细节，它们都是用来表现沃克医生心情的，把所有的神态描写连起来看，就是文中表现沃克医生的一条情感线索。当然，我们还可以从另一个角度,从刘伯承的角度来看,对刘伯承这个人物的描写是文章的一条叙事线索。文中对沃克医生神态的描写,是用来表现刘伯承的,这就是映衬、烘托手法的运用,大家一齐读——

(屏幕显示,学生齐读)

> 对沃克医生的细节描写,是为表现"军神"刘伯承服务的,作者运用了侧面描写的高妙手法。

师:通过对沃克医生神态、语言的描写来衬托"军神"这个人物。现在,老师教同学们学阅读之二:选点赏析。

(屏幕显示)

> 二、选点赏析

师:选点赏析就是集中欣赏某一个描写最精彩的地方,进行阅读、品味。

(屏幕显示)

> 品析课文第12~23自然段,赏析细节描写的表现力,体味其美感与作用。

师:我们一齐来朗读第12~23段——

(屏幕显示,学生齐声朗读)

> 沃克医生正在换手术服,护士跑来,低声告诉他病人拒绝使用麻醉剂。沃克医生的眉毛扬了起来,他走进手术室,生气地说:"年轻人,在这儿要听医生的指挥!"
> 病人平静地回答:"沃克医生,眼睛离脑子太近,我担心施行麻醉会影响脑神经。而我,今后需要一个非常清醒的

大脑！"

沃克医生再一次愣住了，竟有点儿口吃地说："你，你能忍受吗？你的右眼需要摘除坏死的眼珠，把烂肉和新生的息肉一刀刀割掉！"

"试试看吧。"

手术台上，一向从容镇定的沃克医生，这次双手却有些颤抖，他额上汗珠滚滚，护士帮他擦了一次又一次。最后他忍不住开口对病人说："你挺不住可以哼叫。"

病人一声不吭，他双手紧紧抓住身下的白床单，手背青筋暴起，汗如雨下。他越来越使劲，崭新的白床单居然被抓破了。

脱去手术服的沃克医生擦着汗走过来，由衷地说："年轻人，我真担心你会晕过去。"

病人脸色苍白。他勉力一笑，说："我一直在数你的刀数。"

沃克医生吓了一跳，不相信地问："我割了多少刀？"

"七十二刀。"

沃克医生惊呆了，大声嚷道："你是一个真正的男子汉，一块会说话的钢板！你堪称军神！"

"你过奖了。"

师：每一处细节描写都扣人心弦，每一处细节描写都有生动的表现力，请大家欣赏这里的细节描写，选择一处进行细节赏析。

（屏幕显示，教师例说）

话题：这里的细节描写很有表现力……
要求：写一个赏析句。

师：看例句，读——

例如：护士跑来，低声告诉他病人拒绝使用麻醉剂。

这个句子从侧面表现了病人的奇特，为故事的发展设置了悬念。

师：好吧。请动笔，每位同学就某一处细节描写的表现力进行赏析，写一个句子，表达你的见解。

（学生动笔）

师：大家写的句子其实就是你们的赏析文字。下面，表达你们的观点吧。

生6：我选的句子来自第16自然段——"手术台上，一向从容镇定的沃克医生，这次双手却有些颤抖，他额上汗珠滚滚，护士帮他擦了一次又一次。"从这个句子可以看出沃克医生很紧张，以此来烘托刘伯承这个病人的不一般。

师：好！注意这里的细节描写，沃克的手在颤抖，他紧张，他流汗了。通过这些细节描写来表现他心情的紧张，为什么紧张呢？因为病人拒绝使用麻醉剂，这就是侧面烘托刘伯承的坚毅刚强。

生7：我选的句子来自第22自然段——"沃克医生惊呆了，大声嚷道：'你是一个真正的男子汉，一块会说话的钢板！你堪称军神！'"这个句子不仅点明了主题，还写出了刘伯承的意志十分坚强。

师：这个句子是很有抒情力度的排比句，而且有比喻的色彩在里面。"军神""钢板"，都是由衷的赞叹，也是语言方面的细节描写。文中通过语言描写，表现了人物的心理活动，同时从侧面描绘出刘伯承的高大形象。

生8：我找的是第14自然段中的"沃克医生再一次愣住了，竟有点儿口吃地说"，这句话通过对沃克医生的神态和动作描写，衬托出手术给病人带来的疼痛，表现出刘伯承坚强意志。

师：是呀。"又一次愣住"就是不止一次愣住。"口吃地说"表示既担心，又紧张，而且还有点儿心疼面前这位坚毅的军人。这也是通过细

231

节描写，通过对沃克医生动作、神情的描写，表现了这位军人钢铁般的意志。

生9：我选的句子来自第17自然段——"病人一声不吭，他双手紧紧抓住身下的白床单，手背青筋暴起，汗如雨下。他越来越使劲，崭新的白床单居然被抓破了。"这句话运用了动作描写，把病人的意志力表现出来了。

师：这里也有侧面描写的味道。崭新的白床单居然被抓破了，这要用多大的力气？这要多长的时间？表现出病人是多么的痛苦。他要怎样减轻痛苦呢？就抓住床单，这是一个细节生动的镜头，表现了病人的坚强不屈。

生10：我选的句子也是来自第17自然段——"病人一声不吭，他双手紧紧抓住身下的白床单，手背青筋暴起，汗如雨下。他越来越使劲，崭新的白床单居然被抓破了。"这个句子是病人的动作描写，从中可以看出刘伯承钢铁般的意志。

师："越来越使劲"表示他越来越疼痛了。"青筋暴起"一个细节的画面展现出来了，"汗如雨下"又一个细节的画面出来了。大家看，写沃克医生，是写他紧张地流汗；写病人，是写他疼得流汗，这里的细节都是表现人物的。

生11：我找的句子来自第16自然段——"他额上汗珠滚滚，护士帮他擦了一次又一次。""擦了一次又一次"，反复地描写，更能衬托沃克医生的紧张，突出了刘伯承钢铁般的意志。

师：因为劳累、紧张，所以汗如雨下，这才有护士擦了一次又一次。

同学们看，有多少美妙的细节，需要我们来欣赏！那么这些细节的描写有什么作用？有什么美感呢？老师给大家讲讲，请大家做好笔记。

（教师讲述，学生做笔记）

师：这个片段里有简洁明了的对话描写，既表现沃克医生，又表现刘伯承。这个片段里有很多特写镜头，写流汗、青筋暴起、手抓住床单、沃克医生的紧张，这些细节描写都表现出镜头之美。这些细节写得细腻、具体、生动，因此具有表现力。

有一个地方同学们没有读出来，就是这篇文章最高潮的地方，也是故事情节的意外转折——当沃克医生很担心病人的时候，病人勉强地一笑，说："我一直在数你的刀数。"这是何等的神奇呀，眼睛的部位没有打麻药，医生在动手术，在挖掉腐烂的地方，但是病人说一直在数医生的刀数，割了多少刀哇？72刀。这个细节，是我们所有人都没有料到的，这就叫故事情节的一次意外的转折。

　　我们研读的这个片段，对刘伯承进行了大量正面的描写，也从沃克医生的角度、从侧面表现了刘伯承的刚毅。好，我们一齐来读一读，这一部分有——

　　（屏幕显示，学生齐读）

> 　　对话描写，特写镜头，意外转折，正面描写，侧面映衬……

　　师：再读一读——

　　（屏幕显示，学生齐读）

> 　　对沃克医生和"病人"的细节描写，是为表现"军神"刘伯承服务的，故事形成了开端、发展、高潮、结局的完美情节结构。

　　师：好的。现在老师教同学们学阅读之三：知识听记。

　　（屏幕显示）

> 　　三、知识听记

　　师：请大家拿起笔，进行"知识听记"活动。读小说、寓言、童话等文学作品时，都需要语文知识来帮助我们进行深入的阅读品析。老师讲一讲有关知识，请同学们做好笔记。

　　（屏幕显示，学生做笔记）

233

> 开端，发展，高潮，结局。

师：第一次做笔记——这篇小说的情节结构很完美、很完整——开端，发展，高潮，结局。

病人进入诊所，沃克医生准备换手术服是故事的开端。

沃克医生换手术服，给病人做手术是故事情节的发展。

手术继续进行，病人告诉沃克医生，他一共割了七十二刀，这是故事情节的高潮。

手术结束，医生对刘伯承极其钦佩，他要了解这个人——川东支队将领，是故事的结局。

第二次做笔记——人物出场，场景设置。这是读小说一定要把握的一个基本的知识点。

（屏幕显示，学生做笔记）

> 人物出场，场景设置。

师：人物出场，就是故事中的人物出现了。比如第1自然段，人物出现了，故事就可以开始铺叙情节了。

场景设置，是指故事在哪里发生的。这个故事是在沃克医生的诊所里发生的，这个诊所就是这个故事发生的场景。

必须要有人物出场，必须要有场景设置，才可能有故事。

第三次做笔记——线索，衬托的手法。

（屏幕显示，学生做笔记）

> 线索，衬托的手法。

师：这次我们通过纵向品析，具体地、确切地观察到文章中的一条线索，知道这篇文章运用了美妙的侧面描写、烘托映衬的手法来表现刘伯承。我们把有关的文学知识读一读——

（屏幕显示，学生齐读）

> 开端，发展，高潮，结局。
> 人物出场，场景设置。
> 线索，衬托手法。

师：好的。我们再来观察一下对沃克医生的神态描写所构成的这条线索。

（屏幕显示，教师解说）

> 沃克医生：冷冷地问→一丝惊疑→冷冷地问→目光柔和→眉毛扬了起来→生气地→再一次愣住了→口吃地→由衷地→惊呆了→脸上浮出慈祥的神情→肃然起敬……

师：它们贯穿全文，它们相互照应，它们表现出故事的波澜。我们这节课有赏析的训练，有知识的积累。赏析训练，我们学了两种方法：第一种，纵向品析；第二种，选点赏析。谢谢同学们的努力。下课。同学们再见！

生：谢谢老师，老师再见！

教学赏析

这节课紧扣语文要素，立足于阅读赏析能力的训练，"板块式"教学思路清晰，是一节学生积累丰厚、语文味十足的语文课。

这节课入课简洁，多角度进行教学铺垫，比如故事背景、生字词理解等，夯实学生基础，拉近课文与学生间的距离，将学生引入阅读品析的情境之中。

这节课巧妙地定位于"小说阅读",活动线条简洁。围绕"听、说、读、写"设计教学活动,变换学习方式,比如:

教你学阅读之一:纵向品析。圈出文中描写沃克医生神态的词语,整体把握课文内容,理清文章线索,体味文章巧妙的手法。

教你学阅读之二:选点赏析。品味细节描写的表现力,聚焦课文第12～23自然段,写一个赏析句,欣赏文章的语言特色,体味文章美妙的细节。

教你学阅读之三:知识听记。总结提炼文章的文体特点,体味文章精妙的结构。

这节课运用诗意化教学手法,分层推进,前后照应,让学生在活动中或浅吟,或低诵,或奋笔,或阐释,或听记,课中积累丰富。

|赏析| 河南省宜阳县城关镇西街学校　贾会晓

六年级

19. 口头作文，微文写作，深情朗读
——六上《狼牙山五壮士》课堂教学实录

时间：2019年4月29日

地点：石家庄市友谊大街小学

执教：余映潮

教学实录

师：同学们，现在我们学习《狼牙山五壮士》。我们学习这篇课文时，在情感氛围上要庄严，同时也要表达出激情。开始我们的学习，一齐读——

（屏幕显示，学生齐读）

> 这是抗日战争中惊天地、泣鬼神的一幕。

师：继续读——

（屏幕显示，学生齐读）

> 1941年9月，在河北省易县的狼牙山，为掩护群众和连队转移，马宝玉、葛振林、宋学义、胡德林、胡福才五位战士奉命阻击日军。他们临危不惧，痛击并消灭大量敌人。
>
> 弹尽粮绝之后，他们宁死不屈，砸烂枪支，义无反顾地纵身跳下数十丈深的悬崖。

师：这就是整个故事的简介。请继续读——

（屏幕显示，学生齐读）

> 他们用生命和鲜血谱写出了一首气吞山河的壮丽诗篇。
>
> 战士们的壮举，表现了崇高的爱国主义、革命英雄主义精神和坚贞不屈的民族气节，被人民誉为"狼牙山五壮士"。

师："誉为"是在称颂、夸赞狼牙山五壮士。接下来，我们欣赏表现狼牙山五壮士的油画，以及关于狼牙山壮士的石刻。

（屏幕显示油画和石刻的图片）

师：好，我们读一读有关的字词——

（屏幕显示，学生齐读）

> 日寇（kòu）　　晋察冀（jìn chá jì）　　胳膊（gē bo）
> 抡（lūn）一个圈　　绷（běng）　　崎岖（qí qū）
> 棋盘陀（tuó）　　拧（nǐng）开　　雹（báo）子
> 嗖（sōu）地　　屹（yì）立　　眺（tiào）望

师：继续，每个词读两遍——

（屏幕显示，学生再次齐读）

师：注意"绷"是一个多音字，"绷着脸"就是脸上的表情始终是很沉静的、没有笑容的、很严峻的。它还有一个读音是"bēng"，可以组词"绷带"。下面，请同学们把有关词义读一下——

（屏幕显示，学生齐读）

> 居高临下：处在高处，俯视下面。形容处于有利的地位或傲视他人。
> 全神贯注：全副精神高度集中。
> 悬崖：高而陡的山崖。
> 屹立：像山峰一样高耸而稳固地立着，常用来形容坚定不

可动摇。

昂首挺胸：仰着头、挺着胸无所畏惧的样子。

师：读得好。继续把本课中大量的四字短语读一读——
（屏幕显示，学生齐读）

英勇奋战　满腔怒火　全神贯注　横七竖八
悬崖绝壁　斩钉截铁　热血沸腾　居高临下
坠落山涧　粉身碎骨　昂首挺胸　壮烈豪迈
坚强不屈　惊天动地　气壮山河

师：大家读得很有气势。下面是需要观察字形的一批词语。请各自轻声地读，观察每个字的结构。开始读一读——
（屏幕显示，学生各自读）

崎岖　坠落　雹子　横七竖八　斩钉截铁
昂首挺胸　壮烈豪迈

师：请观察字形，"坠落"的"坠"，"斩钉截铁"的"斩"，"昂首挺胸"的"昂"和"胸"，"壮烈豪迈"的"豪"，这些字稍不注意就会写错。再读一遍——
（学生齐读）

师：我们的实践活动是——读、说、写。所谓实践活动，就是要求每个人在课堂上都要参与的训练活动。现在我们开始第一个实践活动，请把要求读一读——
（屏幕显示，学生齐读）

241

一、口头作文

朗读课文第1～2自然段，以"痛击"为题口头作文。要求运用三四个短语。

师：了解要求以后，我们朗读第1～2自然段。老师指导大家朗读：读清层次，读好重音。我们现在专门来读第2自然段。

第一，读清层次。"他们利用险要的地形，把冲上来的敌人一次又一次地打了下去"，这是概略的描写；"班长马宝玉沉着地指挥战斗……"，这是细腻的描写。这就是层次，大家要读好。

第二，读好重音。读出五壮士对敌人的恨，要突出描述五壮士的动作与神态的关键词语，比如"沉着地""狠狠地打""大吼一声""浑身的力气""绷得紧紧的""全神贯注""猛地"等。要把这些描述五壮士动作与神态的关键词语读出重音。

（屏幕显示）

第2自然段朗读指导

读出五壮士对敌人的恨，要突出描述五壮士的动作与神态的关键词语，比如"沉着地""狠狠地打""大吼一声""浑身的力气""绷得紧紧的""全神贯注""猛地"等。

师：现在各自朗读第2自然段，注意读清层次，读好重音——

（学生各自朗读）

师：我刚才在仔细地倾听你们的朗读，优点和缺点并存。缺点在于语速没有变化，字和字之间是平均用力，比如"为了拖住敌人，七连六班的五个战士"，这一句没有语速的变化。"为了拖住敌人，七连六班的五个战士一边痛击追上来的敌人，一边有计划地把大批敌人引上了狼牙山。"（教师示范朗读）这样叙述的语气就出来了，读书的声音也好听了。请注意朗读时要有快有慢、有轻有重，各自再把这一段读一读——

（学生各自朗读）

师：这次朗读有很大的进步，老师很满意。大家通过语气、语速把精彩的故事读得好听了，这说明大家都在努力呀！我们看刚才的要求，以"痛击"为题，口头作文。要求运用三四个短语。比如大吼一声、满腔怒火、浑身力气、全神贯注、横七竖八等四字短语。注意口头作文是不能看书的，你要根据这个片段，用自己的语言来很好地描述"痛击"的场景。老师给大家准备了若干四字短语，供你们参考使用，你也可以运用课本上的四字短语。准备3分钟，各自努力地练习，过一会请几位同学口头作文。

（屏幕显示）

> 请同学们自由选用
>
> 沉着冷静　　弹无虚发　　相互掩护　　各自为战
> 坚不可摧　　短兵相接　　浴血奋战　　临危不惧
> 寸步难行　　伤亡惨重　　枪林弹雨　　英勇杀敌

师：我再来说明一下，请同学们各自讲故事，大声地讲，自己讲给自己听。

（学生各自练习）

师：老师把四字短语隐去了，继续各自练习。

（学生各自练习）

师：刚才3分钟的实践活动，就是在练本领。现在请同学们以"痛击"为标题口头作文。

生1：狼牙山五壮士英勇杀敌，让敌人在枪林弹雨中寸步难行，伤亡惨重。

师：你如果继续讲"伤亡惨重"，还要描述一下"在山路上，在岩石中横七竖八地躺着许多敌人的尸体"，这就更细致了。

生2：狼牙山五壮士临危不惧，英勇杀敌，让敌人寸步难行，敌人的尸体横七竖八地倒在了地上。

师：你还可以形容一下"狼牙山上敌人冲上来了"，这样就把班长、副班长、战士们英勇战斗的细节描述出来了。

生3：敌人冲上来了，狼牙山五壮士浴血奋战，弹无虚发，敌人在枪林弹雨中寸步难行，伤亡惨重，敌人的尸体横七竖八地躺在了山洞边。

师：说得多好呀，用了五六个四字短语。不错，谢谢。

生4：这五位战士，将子弹一次又一次地打在敌人的身上，弹无虚发，百发百中！即便遍地都是敌人的尸体，也打不完他们的满腔怒火。

师：最后一句说得多好！

生5：班长马宝玉沉着地指挥战斗，副班长葛振林打一枪就大吼一声，战士宋学义掷一颗手榴弹总要使出浑身的力气。胡德林和胡福才这两个小战士全神贯注地瞄准敌人射击。在崎岖的山路上，横七竖八地躺着许多具敌人的尸体。

师：好，不错，既利用了课文，又表现出自己的创造。像这样的过程就是艰苦学习的过程。因为你要动脑筋，你要流畅准确、细节到位地进行描述。现在我们像讲故事一样把"痛击"读一读，开始——

（屏幕显示，学生齐读）

痛　击

　　为了拖住敌人，五个战士利用险要的地形，临危不惧，痛击追上来的敌人。班长马宝玉沉着冷静地指挥战斗；副班长葛振林打一枪就大吼一声，好像细小的枪口喷不完他的满腔怒火；战士宋学义扔手榴弹总要把胳膊抡一个圈，好使出浑身的力气；小战士胡德林和胡福才各自为战，全神贯注地瞄准敌人射击，弹无虚发。敌军伤亡惨重，崎岖的山路上，横七竖八地躺着许多敌人的尸体。

师：请动笔把这一段的"痛击"两个字圈下来，这是关键词。全段的内容就是由"痛击"这个词引领的，所有的描写内容都表现着"痛击"。圈下来之后还要在旁边写上"关键词"三个字。

（学生动笔）

师：如果老师说用两个字来概括这一段的意思，你就会很敏锐地发现，"痛击"这两个字是最准确有力的。刚才同学们很认真，很严肃，也很努力。我们开始第二个实践活动，请把要求读一读——

（屏幕显示，学生齐读）

> 二、微文写作
> 朗读课文第3～5自然段，以"绝路"为题写作微文。

师：这个活动更难，因为要进行写作练习。朗读课文第3～5自然段，其中第4自然段老师的朗读指导是：把握语速，突现战果。

（屏幕显示）

> **第4自然段朗读指导：把握语速，突现战果**
>
> 读出五壮士对敌人的狠，语速稍快。要突出表现战斗的成果："山路上又留下了许多具敌人的尸体"；"不少敌人坠落山涧，粉身碎骨"；"山坡上传来一阵叽里呱啦的叫声，敌人纷纷滚落深谷"等。

师：这个时候的朗读语速要快，要表现战斗的激烈，而且要突出表现战斗的成果。各自开始练习朗读。

（学生各自练习朗读）

师：老师听得也很感动，同学们聚精会神，朗读得很投入，在感受激烈的战斗场面，感受英雄们对敌人的"痛击"，他们把敌人引向了绝路。这个"绝路"既是敌人的绝路，也是英雄们的绝路哇！下面，我们要怎么写呢？老师告诉你们，可以这样写——

（屏幕显示）

> **写作建议**
>
> 这里是狼牙山顶峰的棋盘陀，三面都是悬崖绝壁。在这里……在这里……在这里……

师：你们的任务是把两个或者三个句子写完整，根据课文内容来写话。同学们发言的时候先把第一句话读出来，再读你补充写的内容。微文写作，开始——

（学生动笔）

师：好，每位同学都在认真地写作，时间飞快地过去了，现在请几位同学朗读你们的微文。注意读的时候要语气铿锵、抑扬顿挫。

生6：这里是狼牙山顶峰的棋盘陀，三面都是悬崖绝壁。在这里，狼牙山五壮士居高临下，浴血奋战，不少日寇坠落山涧，粉身碎骨；在这里，班长马宝玉等五位壮士把日寇引上了绝路。

师：两个层次的"在这里"，先写消灭敌人，再写战士们的英勇举措。很好，谢谢。

生7：这里是狼牙山顶峰的棋盘陀，三面都是悬崖绝壁。在这里，狼牙山五壮士将报仇雪恨的子弹打向了敌人；在这里，他们的班长马宝玉负伤了；在这里，他们拿石头向敌人砸了下去，这石头带着五位壮士的决心和中国人民的仇恨。

师：在这里，敌人纷纷坠落山涧！

生8：这里是狼牙山顶峰的棋棋盘陀，三面都是悬崖绝壁。在这里，狼牙山五壮士利用险要地形把敌人引上绝路；在这里，五壮士英勇奋战，迅猛非常地将敌人杀死在地；在这里，狼牙山五壮士勇敢无畏地跳下悬崖。

师：层次很清楚，按时间的顺序一步一步地写下来，非常好。这位同学的思路很清晰，谢谢。

生9：这里是狼牙山顶峰的棋盘陀，三面都是悬崖绝壁。在这里，五位壮士依托大树和岩石向日寇射击；在这里，五位壮士让不少日寇坠落山涧，粉身碎骨；在这里，五位壮士让石头带着中国人的仇恨以及他们的决心向日寇砸去；在这里，狼牙山上响起了五位壮士豪迈壮烈的口号。

师：四次"在这里"，四次"五位壮士"，细节描写非常到位，情感充沛。谢谢你。

生10：这里是狼牙山顶峰的棋盘陀，三面都是悬崖绝壁。在这里，战士们把敌人引向绝路；在这里，战士们痛击敌人，让敌人寸步难行；在这里，战士们英勇奋战，用尽全身力气把敌人打得落花流水。

师："引向""痛击""把他们打得落花流水"。层次也是很清晰的，谢谢。

生11：这里是狼牙山顶峰的棋盘陀，三面都是悬崖绝壁。在这里，五位战士居高临下，继续向身后的敌人射击；在这里，不少敌人坠落山涧，粉身碎骨；在这里，五位战士带着中国人民的仇恨，用石头向敌人砸去；在这里，马宝玉拔出手雷，拧开盖子，用全身的力气向敌人掷去，随着一声巨响，手榴弹在敌群中开了花。

师：同学们，我们还可以写许多"在这里"，用"在这里"来描述五壮士的浴血奋战。我们一齐读——

（屏幕显示，学生齐读）

绝　路

这里是狼牙山顶峰的棋盘陀，三面都是悬崖绝壁。

在这里，为了不让敌人发现群众和连队主力，战士们把敌人引上绝路。

在这里，五位壮士居高临下，向紧跟在身后的敌人射击；子弹打完了，便用石头砸……

在这里，像每次发起冲锋一样，壮士们义无反顾，纵身跳下深谷，狼牙山上响起了他们壮烈豪迈的口号声……

师：他们真不愧为壮士呀！最后让我们情感充沛地朗读课文第6～9

自然段，收束我们的教学。

（屏幕显示）

> 三、深情朗读
>
> 朗读指导：语气深沉，读好描写与议论。
>
> 读出五壮士的豪迈壮烈，语气深沉，铿锵有力。要读好描述的语气、英雄的语言和评价赞美的内容。

师：特别注意读好最后一句话——

（屏幕显示，学生齐读）

> 五位壮士屹立在狼牙山顶峰，眺望着群众和部队主力远去的方向。他们回头望望还在向上爬的敌人，脸上露出胜利的喜悦。班长马宝玉激动地说："同志们，我们的任务胜利完成了！"说罢，他把那支从敌人手里夺来的枪砸碎了，然后走到悬崖边上，像每次发起冲锋一样，第一个纵身跳下深谷。战士们也昂首挺胸，相继从悬崖往下跳。狼牙山上响起了他们壮烈豪迈的口号声：
>
> "打倒日本帝国主义！"
>
> "中国共产党万岁！"
>
> 这是英雄的中国人民坚强不屈的声音！这声音惊天动地，气壮山河！

师：谢谢同学们，大家很好地完成了读、说、写的教学任务，下课！同学们再见。

生：谢谢老师，老师再见！

> **教学赏析**

　　这节课的教学围绕读、说、写的课堂实践活动展开，运用了标准的"板块式"教学思路。教学设计精美，"主问题"设计有层次感、有针对性，实现了深层次阅读教学的目标，使学生在简练的教学过程中目标明确地进行了知识和技能的训练。

　　在教学过程中，教师避免了零碎的、浅层次的提问，学生的课堂学习时间得到了充分利用，教学效率也大大提高。

　　注重学生的主体作用，强调学生的集体训练，学生有静思、有朗读、有写作。学生在动与静的过程中真正学到了知识，习得了阅读的技能，落实了语言学用与技能训练的要求。

　　课中重视学生的知识积累。包括认读、识记课文中的重点字词和四字短语，并通过这些四字短语让学生"串联"起课文，实现了更深层次的阅读教学目标。

　　最让人欣赏之处是课堂学习氛围的调控。课始时教师就叮嘱学生：在情感氛围上要庄严，同时也要表达出激情。

　　最让人赞叹之处是教学之中没有运用一点儿俗套的教学手法。

|赏析| 安徽省凤台县第五中学　金婵婵

20. 这一笔，很有表现力
——六上《桥》课堂教学实录

时间：2018 年 4 月 14 日

地点：江苏省南京市赤壁路小学

执教：余映潮

教学实录

师：同学们，这节课，我们欣赏小说《桥》。读起来——

（屏幕显示，学生齐读）

> 微型小说赏析课
> 无提问式活动课

师：请读学习要求——

（屏幕显示，学生齐读）

> 动笔　动口　动脑

师：我观察同学们的学习，请同学们把笔都拿出来。咱们的第一个学习活动是——积累知识。读起来，"微型小说"——

（屏幕显示，学生齐读）

> 一、积累知识
> 微型小说，又称小小说、袖珍小说、1 分钟小说、超短篇

> 小说等。

师：请在文章标题旁边批注"微型小说"四个字。继续读——
（屏幕显示，学生齐读）

> 主人公：小说、戏剧、影视作品中故事的第一主要角色。

师：继续读，"自然环境描写"——
（屏幕显示，学生齐读）

> 自然环境描写：作品中对自然界景物的描写，如本课中对山洪的描写。

师：同学们可以在第1~2自然段的旁边批注"自然环境描写"六个字。自然环境的描写一定是为表现人物服务的，一定是能够推进故事情节发展的。在这篇小说中，作者对山洪的描写是贯穿全文的。下面，请把有关的字词读一下，"咆哮"，读——
（屏幕显示，学生齐读）

> 咆哮（páo xiào）　　势不可当（dāng）　　狞（níng）笑
> 跌跌撞撞（zhuàng）　拥戴（dài）　　沙哑（yǎ）
> 放肆（sì）　　舔（tiǎn）着　　揪（jiū）出
> 瞪（dèng）眼　　搀（chān）扶　　祭奠（jì diàn）

师：再来读一遍，注意字形，"咆哮"，读——
（学生再次齐读词语）

师：我们来书空几个字，手伸出来。"咆哮"，"狞笑"的"狞"，"跌跌撞撞"的"撞"，"拥戴"，"祭奠"。同学们再把有关词语的理解

251

读一读,"咆哮",读——

(屏幕显示,学生齐读)

> 咆哮:形容水流,奔腾轰鸣,也形容人暴怒喊叫。
> 狂奔:迅猛地奔跑。
> 狞笑:凶恶地笑。
> 拥戴:拥护推戴。
> 放肆:(言行)轻率任意,毫无顾忌。
> 呻吟:指人因痛苦而发出声音。
> 祭奠:为死去的人举行仪式,表示追念。
> 势不可当:来势迅猛,不可抵挡。
> 跌跌撞撞:形容走路不稳。

师:好,现在开始我们的第二个学习活动——初知文意。

(屏幕显示)

> 二、初知文意
> 朗读课文,像讲故事一样地读,特别注意表现"紧张""危急"的氛围。

师:现在朗读课文。我告诉大家这样读:像讲故事一样地读,特别注意表现"紧张""危急"的氛围,语速、语气都要注意,比如"黎明的时候,雨突然大了。像泼。像倒。山洪咆哮着,像一群受惊的野马,从山谷里狂奔而来,势不可当",像讲故事一样读。现在按照老师的指导,各自朗读,把课文读一遍,注意不要齐读,朗读时注意文中的氛围。

(学生各自朗读课文)

师:老师倾听了大家的朗读,每位同学都很认真地朗读了,不仅仅是开口朗读,我们还要感受情节、细节,品味情节的奇妙。

请大家思考,手中的笔拿起来,思考一个话题:"结合全文品析,这篇小说的标题《桥》很有味道。"请默读、静思、动笔。

（屏幕显示）

> 思考：结合全文品析，这篇小说的标题《桥》很有味道。

（学生默读、静思、动笔）

师：体味标题的含义是一种阅读的技巧，抓住文章的标题就能基本上感受到文中的内容。请注意过一会儿发言的时候，不是复述故事，而是阐释"桥"的含义。请你发言，谢谢。

生1：我认为桥象征着老汉的品质，这种品质是，在危难的时候帮助别人。

师：像桥一样给人以安全感。

生2：我感觉用"桥"作为标题，让人产生无限的遐想，会想到故事中发生了什么。

师：好，从小说知识的角度来说，这就叫作设置悬念。

生3：我看了这个标题，在阅读时认为老汉本身就是一座桥，让全村人脱险了。

师：真好，这样的发现很有价值！老汉以一个共产党员的身份把自己和群众的安危连在了一起。

生4：老汉把自己当作一座桥，让别人渡过了难关。

师：对，自己献出了生命，老汉就像是一座桥，这就叫象征。

师：咱们发言的同学数量不多，但是质量都很高。请拿起笔，老师把这些同学的发言小结一下，你们做好课文的旁批。桥是山洪暴发时人们逃生的通道，请批注"通道"两个字。

（屏幕显示）

> **桥**
>
> 山洪暴发时人们逃生的通道。

> 老支书送村民脱险的生命之路。
> 小说中安排情节表现人物的场景。
> 初读本文时的一种悬念。
> 象征着共产党人密切联系群众的纽带。

师：请继续旁批——生命之路，场景，悬念，纽带。

（随着课件的出示，学生进行课文旁批）

师：下面的内容对大家来说容易一点儿。咱们刚才克服了难点，现在开始我们的第三个学习活动——品味妙笔。

（屏幕显示）

> 三、品味妙笔
> 朗读课文，注意突现"水涨"的几个句子。

师：再次朗读课文，读好故事的高潮、结局和尾声。"木桥开始发抖，开始痛苦地呻吟……"（教师范读）这里要读出紧张、危急的氛围，读得深沉、悲痛，"一片白茫茫的世界"后面要略作停顿。好，大家来试一试，特别要注意语调的深沉。"木桥开始发抖"，读——

（学生齐读）

师：不错。注意：这里的层次很明显，"五天以后"这个地方要注意语气，要开始深沉、舒缓了；"一片白茫茫的世界"，故事的高潮要到这里为止，要停顿一下再读它的尾声，再来听一听。"一片白茫茫的世界"，这样才能读出味道。再来，"木桥开始发抖"——

（学生再次齐读）

师：非常好，老师听出了两部分之间的停顿，把握得很好。请同学们思考如下问题，读——

（屏幕显示，学生齐读）

> 任务：细读课文，品析文句——这一笔，很有表现力。

师：我给大家举两个例子，请大家拿笔旁批。

（屏幕显示）

> 比如"雨突然大了。像泼。像倒。"为写山洪的暴发做了铺垫。

师："雨突然大了。像泼。像倒。"这句话很有表现力，为写山洪的爆发做了铺垫。写大雨还有山洪，也为后续故事的发展做了铺垫。"像泼。像倒。"非常有表现力，写出了狂风骤雨的猛烈。再给大家举一个例子——

（屏幕显示）

> 比如"死亡在洪水的狞笑声中逼近"渲染了形势的危急。

师：你们在句子旁边批注"渲染"两个字。下面是大家的研读、体味和批注时间，过一会儿我们再来交流。我还要点拨大家的是：读小说，要进行纵向的阅读，要从头到尾地观察，如此你才能感受到每个细节的美妙。请静思、默想、批注。每位同学有3分钟的时间。

（学生默读、静思、批注）

师：我们开始交流，请发言。

生5：我认为第2自然段"山洪咆哮着，像一群受惊的野马，从山谷里狂奔而来，势不可当"这一句表现了当时情况的危急，而且也让我们感受到山洪的力量，势不可当，这为之后写人们的行动做了铺垫。

师：分析得好，特别是"势不可当"这四个字，为后文水涨起来、木桥被冲毁埋下了伏笔。

生6：我从"桥窄！排成一队，不要挤！党员排在后边！"这句话知道，老汉表现了党员的责任心，这里更体现了老汉的精神，他就像一座桥。

生7："一百多号人你拥我挤地往南跑"，一百多号人你拥我挤的，说明他们都感觉到形势十分危急，特别慌张地往南跑。

师：你分析的这个句子还有一个地方要深刻地思考。"一百多号人"其实就是小山村里所有的人，这里表现的是小山村的故事。

生8：第17自然段"木桥开始发抖，开始痛苦地呻吟"，木桥很快就撑不住了，老汉和小伙子能正常地渡过难关吗？

师：好，这里就为读者安排了悬念，同时为桥的倒塌埋下了伏笔。"呻吟"，然后"倒塌"，我们品读小说的细节，一定要前后关联着进行品析。

生9："近一米高的洪水已经在路面上跳舞了"，这"近一米高的洪水"可以到我的脖子了，可见当时一百多号人的紧张和慌乱。

师：好，这个点抓得好！"近一米高的洪水"是南边的水，为写北边的涨水做了铺垫，后面的情节就写了水一步一步地上涨。

生10："老汉清瘦的脸上淌着雨水。他不说话，盯着乱哄哄的人们。他像一座山。"我从这三句话感受到了老汉的沉着冷静。人们都很慌张，老汉却一动不动的像座山。

师：这个细节描写非常的美妙，他不说话是等着人们到跟前再说话，而且说的话很关键。

生11：我从"水渐渐蹿上来，放肆地舔着人们的腰"体会到，不但为后面桥倒塌埋下伏笔，而且更突出了老汉舍生忘死的精神。

师：说得好！我们顺着这个同学说的往下看。"水渐渐蹿上来，放肆地舔着人们的腰"，接着往下看，"水，爬上了老汉的胸膛"，再往下看，"一片白茫茫的世界"，水的描写，山洪的描写，成为这篇小说的一条线索。

生12：我从"老汉突然冲上前，从队伍里揪出一个小伙子，吼道：'你还算是个党员吗？排到后面去！'"这句话感受到老汉和小伙子的关系很近，老汉知道小伙子也是党员。我又从后面的描写中知道小伙子是老汉的儿子。老汉非常不想看到自己的儿子——党员插到前面去,他对儿子的教育非常严格。

师:这个地方叫作小说中的波澜。"揪出一个小伙子",故事这里又漾起一点波澜,而且照应了前面"党员排在后面"那句话,为后面写老汉与小伙子一起牺牲做了铺垫。

生13:我也从第15自然段看出来了,后面已经交代过了,这个小伙子是他的儿子,我觉得老汉有一种为他人着想的精神,他没有偏心眼,他要先让大家平安。

师:好,这叫大公无私。刚才大家讲了这么多,老师来给你们讲讲这篇小说的味道。《桥》中,像这样巧妙的一笔太多了。

(屏幕显示)

> 巧妙的一笔
> 黎明的时候,雨突然大了。
> 点明了时间,为故事的发展设置了背景。

师:在这篇小说中,"黎明的时候,雨突然大了",点明了时间,为故事的发展设置了背景。"黎明"这个词特别的巧妙,如果是半夜,一点亮光都没有,人们是无法逃生的。黎明的时候,有一些光亮,所以人们能够往一个方向跑。再看——

(屏幕显示)

> 巧妙的一笔
> 一百多号人你拥我挤地往南跑。近一米高的洪水已经在路面上跳舞了。
> 为"北面"的涨水埋下了伏笔。

师:我们看,北边的水先是"没腿深",接着"到了胸口",然后"一片白茫茫的世界",南边的水头高,北面的水才快速地涨了起来,这叫巧妙的照应。"近一米高的洪水"的描写，在故事情节的发展上太重要了。请继续看——

（屏幕显示）

> 巧妙的一笔
>
> 木桥前，没腿深的水里，站着他们的党支部书记，那个全村人都拥戴的老汉。
>
> 写"老汉"的早到，照应着人们的"你拥我挤"和木桥的"窄窄"。

师：那个老汉早就到了桥边，这就暗写了老汉在大雨倾盆的时候，在洪水泛滥的时候就想到了应该怎么办。这里照应着人们的"你拥我挤"，人们很慌张，但是老汉很镇定；还照应了木桥的窄。"窄窄的木桥"是很容易在拥挤中垮塌的，老汉早就站在了那里，这又是极巧妙的一笔。接着往下看——

（屏幕显示）

> 巧妙的一笔
>
> 老汉突然冲上前，从队伍里揪出一个小伙子，吼道："你还算是个党员吗？排到后面去！"老汉凶得像只豹子。
>
> 设置了悬念，照应了前文，形成了波澜。

师：这里既有动作的描写，也有语言的描写。照应了前文"党员排在后面"，又暗写了他的儿子也是党员，形成了故事的波澜。而且对后文也有照应，最后"只剩下了他和小伙子"，桥上就只剩下他们两个人了，这叫天衣无缝的照应。接着往下看——

（屏幕显示）

> 巧妙的一笔
>
> 木桥开始发抖，开始痛苦地呻吟。
>
> 为桥的垮塌、人物的牺牲埋下了伏笔。

师："木桥开始发抖，开始痛苦地呻吟"，为桥的倒塌、人物的牺牲埋下伏笔。多危险呀，桥马上要倒塌了，所以在这里进行了铺垫。还有最巧妙的一笔——

（屏幕显示）

> 巧妙的一笔
>
> 一个老太太，被人搀扶着，来这里祭奠。
>
> 她来祭奠两个人。
>
> 她丈夫和她儿子。
>
> 小说的尾声，陡转一笔，释念，余韵悠悠。

师：大家有没有关注到小说的尾声？故事情节在这里发生了陡转，把原来的悬念都解释清楚了，告诉我们，这牺牲的两个人之间的关系。这个尾声给我们留下悠长的余味，让我们品味品味再品味，回顾回顾再回顾，从而显得余韵悠长。

我很高兴地看到同学们的课本上都是笔记了，这就叫学习，这就叫认真地学习。好，请同学们读一读——

（屏幕显示，学生齐读）

> 《桥》情节波澜起伏，扣人心弦；"老汉"无私无畏、一心为民；手法生动细腻，处处妙笔；故事色彩悲壮，表现出撼动人心的艺术效果。

师：课后作业——把这篇小说和它的妙笔讲给你的爸爸妈妈听。下

259

课。同学们再见!

生:老师再见!

> 教学赏析

余老师的这节课板块清晰,环节简洁,训练丰富,活动多样,给我们丰美的感觉。

活动设计丰富。课中有课文朗读,有文句品析,有笔记批注。余老师在教学中设计了两个主问题:"本文的标题'桥'很有味道""品析文句——这一笔,很有表现力",它们让课堂呈现出不同的美感,犹如变化无穷、形式优雅的万花筒,在教学中给学生以品析、探究的力量。

学生训练丰实。课堂上有学生识字、写字、理解词语的训练,有理解课文内容的训练,有朗读的训练,有赏析的训练,它们点点相连,形成一个多维度的"立体"。在这些有一定时间长度、带着明确任务的多角度训练中,学生思维的触角深入课文的每一处,与文本进行了有深度的对话。

学生收获丰美。在余老师的引导下,学生自主探究发现美,在话题讨论中阐述表达美,在互动交流中感受美,在课中笔记中收获美的知识……他们的每一处发现都犹如"大珠小珠落玉盘",这样动人的课堂让学生美不胜收。

|赏析| 安徽省合肥市虹桥小学　孙莉

21. 桑娜为什么坐着一动不动
——六上《穷人》课堂教学实录

时间：2018 年 10 月 20 日

地点：山东省淄博市高青双语学校

执教：余映潮

> ### 教学实录

师：同学们，今天我们学习微型小说《穷人》，请在课文大标题旁批注"微型小说"四个字。

（学生批注）

师：这篇小说的作者是列夫·托尔斯泰。请把作者简介读一读——

（屏幕显示，学生齐读）

> 列夫·托尔斯泰（1828—1910），俄国思想家、文学家。代表作有《战争与和平》《安娜·卡列尼娜》《复活》等。他的作品，在世界文学史上有巨大影响。

师：我们还要知道什么是小说。做笔记吧——

（屏幕显示，学生做笔记）

> 小说：以刻画人物形象为中心，通过完整的故事情节和环境描写来反映社会生活的文学体裁。

师：小说是一种文章体裁。我们学过的诗歌、散文、童话、神话、寓言等都是不同的文体，小说也是一种文体。一般而言，小说最主要的表现方法就是描写。用生动形象的语言，把人物或景物的状态具体地描绘出来就是描写。

（屏幕显示，学生做笔记）

> 描写：用生动形象的语言，把人物或景物的状态具体地描绘出来。这是一般记叙文和文学写作常用的表达方式。

师：老师常常跟你们讲，要学会描写，就是要学会用生动形象的语言把人物、景物、事物的状态具体地写出来。这节课，我们的主要任务就是品味"描写"。一起来，把有关的词语读一读——

（屏幕显示，学生齐读）

> 呼啸：发出高而长的声音。
> 蜷缩：蜷曲而收缩。
> 魁梧：（身体）强壮高大。
> 黧黑：（脸色）黑。
> 忐忑：心神不定。
> 倒霉：遇事不利，遭遇不好。

师：好，再来读一遍吧——

（学生再次齐读）

师：把这几个字书空一下——"呼啸"的"啸"，"蜷缩"的"蜷"，"魁梧"的"魁"，"倒霉"的"霉"。

（教师指导学生书写，学生练习）

师：好，我们开始品味"描写"的活动。看第一个话题——写"穷"的作用品析。

（屏幕显示）

一、写"穷"的作用品析

师：请同学们思考，《穷人》这篇小说是怎样写"穷"的呢？你从哪些地方看出，这里就是写"穷人"的"穷"呢？为什么要写"穷人"的"穷"呢？好，开始阅读课文，把自己认为写"穷"的地方画下来，过一会儿，我们一起来品析。

（学生静读、动笔）

师：好，请你来发言。

生1：我是从第2自然段找到的，我来给大家读一下——"桑娜沉思：丈夫不顾惜身体，冒着寒冷和风暴出去打鱼，她自己也从早到晚地干活，还只能勉强填饱肚子。孩子们没有鞋穿，不论冬夏都光着脚跑来跑去；吃的是黑面包，菜只有鱼。"从这里我感受到他们家"穷"。

师：还应该说，作者是怎样把"穷"写出来的呢？不能仅仅说，我知道这里写"穷"；还要说，怎样写出"穷"。我来告诉大家吧，这个地方是通过桑娜的"沉思"写"穷"。不是直接地写"穷"，而是描写桑娜在那儿想啊想啊，自己与家人怎么累、怎么忙，都只能勉强填饱肚子；再想啊，孩子们没有鞋穿；还想啊，这个家里的人吃的是黑面包，至于菜，只有海里的鱼。这就是通过心理描写来写"穷"。这就把课文怎么写"穷"说清楚了。（学生批注）

生2：我是从第16自然段找到的，我来给大家读一下——"糟糕，真糟糕！什么也没有打到，还把网给撕破了。倒霉，倒霉！天气可真厉害！我简直记不起几时有过这样的夜晚了，还谈得上什么打鱼！还好，总算活着回来啦。"

师：哦，你能够解释一下，这里的描写是怎样来表现穷人的"穷"的吗？

生2：这一段文字从忙碌写出了穷。

师：多忙啊！这里的忙是什么时候的忙？大家看渔夫打鱼的这天晚上是怎样的天气，看"屋外寒风"这个句子，读起来——

（屏幕显示，学生齐读）

> 屋外寒风呼啸，汹涌澎湃的海浪拍击着海岸，溅起一阵阵浪花。海上正起着风暴，外面又黑又冷。

师：有生命危险呢！果然，渔夫什么鱼都没有打到，还有那么大的危险陪伴着他。这就是通过"环境"来写"穷"。（学生批注）

这么严酷的自然环境，富人是不会去打鱼的。只有穷人为了温饱，才会冒着危险，在如此恶劣的环境里去打鱼，这就是环境描写的作用。如果这个时候是风和日丽，太阳美美地照着，那就没有这种表达的效果了，大家明白了吧？

生：明白了。（齐说）

师：这里写严酷的自然环境就是为了写穷人的"穷"啊。

生3：丈夫清早驾着小船出海，这时候还没有回来。这是从第1自然段找到的。

师：在外面工作那么长的时间，为的就是——

生3：养家。

师：对了，而且是冒着生命危险去下海，时间漫长啊。你找这个地方我觉得特别好。清早驾着小船出海，这个时候还没有回来。通过"时间"来写穷人之"穷"；正是因为穷，所以，需要长时间地劳作。你引出了我的一个话题，大家看第3自然段的第一句话。睡觉还——早。几点钟了？

生：十一点钟。（齐说）

师："古老的钟发哑地敲了十下，十一下……"，这里用的是省略号。也许是十二下，表示半夜十二点；也许是一下，表示凌晨一点。睡觉还早，为什么？要操劳，要做事，要补渔网。通过劳动时间的漫长来写穷人的家境不好。现在请大家把第一句话读出来，"渔夫的妻子桑娜"，读——

（屏幕显示，学生齐读）

> 渔夫的妻子桑娜坐在火炉旁补一张破帆。

师：好，这个地方写出了"穷"。

生4：从这里看出，她不是直接再买一张新帆，而是找一张破帆在那儿细细地补。我从这里看出，这里用事物表现了穷人的"穷"。

师：就这一个小小的细节，一张破帆就写出了穷人的穷啊！所以说，文中到处都是在写"穷"。除了写桑娜家的穷之外，还写了一个人。

生：西蒙。（齐说）

师：对，西蒙。看西蒙是怎样在临死的时候给她的孩子盖上衣物的："母亲在临死的时候，拿自己的衣服盖在他们身上，还用旧头巾包住他们的小脚。"请分析西蒙的"穷"。

生5：这里用"旧"头巾写出了她的穷，还有，她用自己的衣服盖在孩子们的身上。

师：是呀。没有棉被，没有毛巾被，好东西都没有，有的都是破东西、烂东西。还请你们读一个地方："西蒙的屋子里没有生炉子，又潮湿又阴冷。桑娜举起马灯，想看看病人在什么地方。首先映入眼帘的是对着门的一张床。"

生6：他家里生不起炉子，而且很黑，空间也很小，所以，门才会对着床。

师：哎，真好。空间很小。你真是有很好的语感。

生7：我觉得他家里只有一张床，而且家具也很少。

师：是呀，门一打开就是床，多么狭窄的空间呀。穷人生活的环境就是像这样的吧？同学们，这篇文章用了哪些方法来写"穷"呢？我们小结一下——

（屏幕显示，学生做笔记）

写"穷"之法

细微之处写"穷"，环境描写写"穷"，心理描写写

> "穷"，细节描画写"穷"，只言片语写"穷"。

师：这篇小说写穷人，细微之处写"穷"。破帆、旧头巾、门打开就是一张床，细微之处写"穷"。

环境描写写"穷"。大风暴猛烈的晚上，渔夫居然还在海上打鱼。恶劣的天气，恐怖的夜晚，穷人还在辛勤地劳作呀！

心理描写写"穷"。就是刚才我们一开始分析的：桑娜在想，自己的家庭怎么这样穷呢。

细节描画写"穷"。就是通过对桑娜和西蒙生活细节的描写，比如说：西蒙临死之前还想着要让孩子们暖和，用自己的衣服给孩子们盖上，用旧头巾把他们的脚也盖上。用细节的描画来写"穷"。

只言片语写"穷"。这个只言片语就是一个字、两个字，它出现在渔夫的语言里面。你们感受到了吗？

生8：我是从第24自然段找到的——"哦，我们，我们总能熬过去的！快去！别等他们醒来。"

师：我们总能熬——过去的！不穷，还用"熬"吗？这个"熬"字太有分量了。正是因为穷，才需要咬紧牙关，去一天一天地过呀！

现在，大家读书都很细心。大家看，整篇文章到处都写"穷"，但没有一个"穷"字。中国的古人说，这种现象叫"不着一字，尽得风流"。

（屏幕显示，学生做笔记）

> 不着一字，尽得风流。

师：写"穷"而不见一个"穷"字，这就是高妙的技巧。大家读一下吧。"写'穷'"，读——

（屏幕显示，学生齐读）

> 写"穷"，极生动深刻地表现了"穷人"富于同情、热心

> 助人的美德。
> 　　赞美善良仁爱，运用了与写"穷"同样的手法。

师：这是什么意思呢？是说桑娜和渔夫，他们的心真好哇。课文里面没有这个句子，但我们感受到他们是好人，是有仁爱之心的人。同样，作者也不是直接赞美，而是通过细节描写表现出来的。用的也是"不着一字，尽得风流"的笔法。好，把这两个句子再读一读。"写'穷'"，读——

（学生再次齐读）

师：家里越穷，桑娜救助别人孩子的举动就越值得我们赞赏。自己极端贫穷，还要帮助别人，这就是美德。所以，写穷人是赞扬一种美德。好，继续我们的学习，看第二个话题——"细节"描写品析。

（屏幕显示）

> 　　二、细节描写品析
> 　　品析课文从第8自然段起到结束这一部分，品味细节描写中的"味道"。

师：开始读书，每位同学都要分析，你读出了哪一句话的味道，哪个地方你觉得很有味，就把它阐释出来。

（学生静读、动笔）

师：好吧，你要说——这个地方写出了……表现了……。开始，请发言——

生9：我是从第9自然段找到的。桑娜忐忑不安地想："他会说什么呢？这是闹着玩的吗？自己的五个孩子已经够他受的了……是他来啦？……不，还没来！……为什么把他们抱过来啊？……他会揍我的！那也活该，我自作自受……嗯，揍我一顿也好！"我从这里感受到：桑娜宁愿被她丈夫揍一顿，也不愿意邻居的孩子跟死人待在一起。

师：你已经理解了这段话的意思，但是，你没有说清楚，这是什么描写呢？

生9：语言描写。

生：心理描写。（齐说）

师：她忐忑不安地"想"，你们把这个"想"字圈出来，还有"沉思"这个词也要圈出来。这篇小说中有大量的心理描写，都有它们的表达作用。

师：请你来发言。

生10：我也是找的刚才那一句。我感觉省略号的连续运用表明了桑娜当时的心理活动时断时续，逼真地写出了桑娜不安的心理。

师：比如"是他来啦"，写的是幻觉，就明显地表现了这种不安。

生11：我觉得"脸色苍白，神情激动"表现出了桑娜的内心十分的忐忑不安。

师：正是因为忐忑不安，所以才脸色苍白。这里描写脸色凸显的是心理活动。

生12：我是从第8自然段找到的。我来给大家读一下："桑娜用头巾裹住睡着的孩子，把他们抱回家里。"从这里可以看出，桑娜很有同情心。

师：好，你为什么不继续分析"她的心跳得很厉害"呢，这一句话才有味道。

生13：可以看出她非常的激动。

生14：是善良驱使她抱回了这两个孩子。

师：是因为善良才"心跳得厉害"吗？

生15：她很害怕她的丈夫回来。

师：是这个道理。

生16：我觉得写桑娜心跳得很厉害，是因为她抱着孩子，害怕孩子突然醒来之后，见不到母亲，而是看见一个陌生人感到害怕。

师：哦，这也是理由。

生17：说明桑娜的内心是非常矛盾的——她非常想把这两个孩子给

抱回来，但是呢，她又害怕自己家里穷，养不起这两个孩子。

师：而且，还想到了渔夫会不会责骂自己。我考你们一个有趣的问题，大家看第12～13自然段。渔夫回来了，他说："嘿，我回来啦，桑娜！""哦，是你！"桑娜站起来，不敢抬起眼睛看他。现在哪位同学能够分析一下"哦，是你"这三个字的表达之妙？

生18：这里写出了桑娜特别惊讶。

师："惊讶"是肯定的，但为什么问"是你"呢。

生19：我觉得桑娜还没有回过神来。

师：这就对了。由于渔夫突然回来，而桑娜还在"沉思"里面，她就只好语无伦次地说了一句："哦，是你！"这时进门的人除了丈夫还有谁呀？此时谁都不会来！所以，桑娜说了一句废话："哦，是你！"这句废话其实表现她正在紧张地思考问题。再考虑一处。渔夫说，快把孩子抱过来吧，"别等他们醒来"。"但桑娜坐着一动不动"，这个句子也有意思，为什么桑娜坐着一动不动？

生20：因为她很吃惊，她本来沉思的是"他会揍我的"。然而，他并没有生气，还让桑娜把孩子抱回来。

师：桑娜为什么不动呢？

生20：因为孩子已经被抱回来了，就在帐子里。

师：丈夫让桑娜把孩子抱回来，桑娜应该高兴地说，"哦，你真好啊"，但她为什么动都不动呢？

生21：桑娜在想自己的经济状况——自己有五个孩子，加上这两个孩子，有可能全家人都难以活下去了。

师：渔夫已经同意了呀，她怎么还坐着一动不动呢？

生22：我觉得她心里可能在想，"原来丈夫和我一样善良，他同意了"。

师：这个回答有点儿味道。桑娜坐在那儿一动不动，这个细节描写很有表现力。注意，她是故意"不动"的。为什么呢？她用这种沉默来表现她担心的事情没有发生，来表现她的感动、她的放心、她的欣慰。如果桑娜对渔夫说："啊，你太好了，你看孩子就在这里了！"那就没有什么味道了。就是这"一动不动"的描写，还表现了桑娜的另外一个特点：她在丈夫面前还有一点"撒娇"的感觉。表面上她不动，其实她的心里很高兴。多美的细节呀！同学们，我们做笔记吧，老师告诉你们最美妙的笔法。

（屏幕显示，学生做笔记）

> 门吱嘎一声，仿佛有人进来了。
> 写错觉，表现桑娜心情的紧张。

师："门吱嘎一声，仿佛有人进来了。"这个地方写得好，它写的是错觉。本来没有人进来，但是仿佛有人进来了，这是写桑娜心情的"紧张"，紧张到门响一声，她就觉得有人进来了。桑娜始终在担心丈夫是否同意，所以，这个地方的描写非常美妙。

（屏幕显示，学生做笔记）

> "哦，是你！"
> 不当之问，表现桑娜的慌乱。

师："哦，是你！"这是不当之问，不应该问，其实写出了桑娜刹那间的"慌乱"。

（屏幕显示，学生做笔记）

> 但桑娜坐着一动不动。
> 写桑娜内心高兴而又故意沉默。

师："但桑娜坐着一动不动。"这个美妙的细节是写桑娜内心高兴，又故意沉默。这就叫作有味道。

（屏幕显示，学生做笔记）

> "你瞧,他们在这里啦。"桑娜拉开了帐子。
> 戛然而止,意境美好,余味悠长。

师:"你瞧,他们在这里啦。"桑娜拉开了帐子。故事戛然而止,意境美好,余味悠长。让我们想,以后的故事会怎样去发展呢?

这个故事从不同的侧面表现了桑娜和渔夫的心地善良。渔夫还有一句话会让我们深深地思考。他说:"快去!别等他们醒来。"对这句话的分析,就是我们今天的课后作业:分析这句话为什么写得好。在这篇文章里面,我们会观察到心理描写的方法。下面,我们看第三个话题——心理描写的方法。

(屏幕显示)

三、心理描写的方法

师:这篇文章里面心理描写的第一种方法是直接描写,有两个关键词,一个关键词是"想",另一个关键词是"沉思"。

(屏幕显示,学生做笔记)

> 直接描写:"想""沉思"。

师:更美妙的是用了很多"侧面表现"的方法写心理,即表面上好像没有写心理活动,但实际上是在写心理活动。

(屏幕显示,学生做笔记)

> 侧面表现:1.写幻觉;2.写脸色;3.写动作。

师:第一,写幻觉。就是老师刚才说的错觉:门吱嘎一声,她就以为有人进来了。这就是通过写幻觉,来表现一个人心情的紧张。

第二，写脸色。几次写她脸色苍白，脸色苍白是一个人受惊吓后的样子，也是心理描写的外在表现，通过写脸色表现人的心理活动。还有写心跳，写人物看不见的动作，也是心理活动的表现。啊，桑娜的心跳得多么厉害呀，这就是心理活动。

　　第三，写动作。比如桑娜坐在那里，一动也不动，就是心理活动。她心里在想："啊，终于他同意了，我要让他看看，我做得多么好。"于是，她就坐在那里。所以，写动作也是写心理活动。

　　总之，这篇文章从多个角度表现了作者写心理活动。

　　同学们，这节课我们就学习到这儿。我告诉大家一句美妙的话——

　　（屏幕显示）

> 把文学审美的熏陶落实到词语上。
> ——孙绍振

　　师：有个大学问家孙绍振先生，他告诉我们，"把文学审美的熏陶落实到词语上"。也就是说：我们读诗歌、小说、散文时，我们要看人家是怎样用词、怎样写句的，要从字词句里面感受到作品的文学性。这就是把文学审美的熏陶落实到词语上。我们今天品析的内容，大多数都是词语。好，这节课我们就进行到这儿。下课。同学们再见！

　　生：老师再见！

教学赏析

　　《穷人》笔触细腻，于朴素的描写中，散发着人性的光辉；教学丝丝入扣，于精巧的训练中，氤氲着审美的意趣。

　　课堂自始至终飘散着浓郁的文学气息。作家作品的铺垫，小说、文体、描写的知识，品味描写的训练，"不着一字，尽得风流"的文学现象，"把文学审美的熏陶落实到词语上"的赏析方法，无不给课堂打下鲜明的"小说"教学的烙印。

　　选点品析让课堂富有浓厚的文学情趣。写"穷"的作用品析，是选取课文最丰厚的地方，进行有深度的欣赏；细节描写品析，是选取内容最精彩的部分，进行内在意味的探寻；心理描写的方法，是选取手法最美妙之处，进行表达密码的解锁。三次品析，各有千秋，为学生依次开启三扇进入文学殿堂的美丽天窗。

　　更有那逐层聚焦的美好形态，那对话之间的高妙指点，那连绵不断的精彩生成，把审美熏陶落实于语词，让审美之花绽放于课堂……

　　|赏析| 江苏省南京市西善桥中心小学　和妙红

22. 同类美文，同类美段，同类手法
——六上《夏天里的成长》课堂教学实录

时间：2021 年 9 月 28 日

地点：广东省东莞市塘厦第二小学

执教：余映潮

教学实录

师：同学们，现在我们开始学习《夏天里的成长》，这是一篇哲理散文。请大家把第五单元教学重点读一读——

（屏幕显示）

> 第五单元教学重点：体会文章是怎样围绕中心意思来写的；从不同方面或选取不同事例，表达中心意思。

师：比如这篇文章写的是"夏天里的成长"，作者是怎样围绕"夏天里的成长"展开描写的呢？我们要学会"阐释"，就是要把问题讲清楚，把"怎样"这个过程与方法讲清楚。我们把有关的字词读一读——

（屏幕显示，学生齐读）

> 叭叭（bā bā）　　苞蕾（bāo lěi）　　苔藓（tái xiǎn）
> 菜畦（cài qí）　　甘蔗（gān zhe）　　接茬（jiē chá）
> 柏油（bǎi yóu）　　谚语（yàn yǔ）

师：看，"甘蔗"的"蔗"是轻声。

（学生跟读"甘蔗"）

师：我们整体再读一遍。

（学生再次朗读，读准了字音）

师：再读一遍。

（学生再次朗读，读得更流利）

师：这一遍就读得非常准确和流利。继续把有关的雅词读一读，并且观察它们的字形——

（屏幕显示，学生齐读）

> 高粱　苞蕾　苔藓　菜畦　甘蔗　瀑布　接茬　谚语

师：好，慢一点儿读，观察它们的字形。看，"高粱"的"粱"，下面有个"米"字。"高粱"，读——

（学生朗读，语速放缓）

师：我们这一节课，有三个活动，每一个活动都有课内的文章，也有课外的内容，这就叫——

（屏幕显示）

> 教学创意：课文联读。

师：开始我们的第一个活动——整体理解《夏天里的成长》。

（屏幕显示）

> 一、整体理解

师：给大家一个奇妙的话题——

（屏幕显示）

> 趣味发现：这篇美文中有_____句。

275

师：同学们看，课后习题第一题就告诉我们——默读课文，找出"中心句"。这说明这篇美文中有"中心句"。但岂止是中心句？还有各种各样的句子。现在请同学们自由发现，拿起笔，把你发现的句子批注一下，然后我们来交流。这种自由发现的过程是很有趣的，看你怎样从多角度来观察一篇课文的字、词、句、段等。

（学生静思默想）

师：老师告诉大家这篇文章有各种各样的句子，其实是告诉大家一种策略，读任何一篇文章，观察里面有什么句子，都可以让我们有丰美的收获。现在开始交流。

生1：这篇美文中有中心句、排比句。

师：这位同学说了两种类型的句子。中心句是从文章的结构方面来看的，文中或者段中有中心句；排比句是从修辞手法的角度来看的。

生2：第3自然段的第一句是一个过渡句，承上启下。

师：又发现了一种美妙的语言现象，承上启下的句子，这就把句子在文章结构中的作用弄清楚了。

生3：第3自然段的最后一句是比喻句。

师：运用了比喻修辞手法的句子，这也是从修辞的角度来发现并阐释的。

生4：第3自然段的倒数第二句是夸张句。

师：好，有夸张句，有比喻句，有排比句，有过渡句，还有文章或者段落的中心句。下面，老师告诉大家新的发现角度，读起来——

（屏幕显示，学生齐读）

这篇美文中有：长句，短句，对称句，对比句，比喻句，引用句，第二人称句……

师：这些都是观察的角度。这篇文章中长句不多，短句很多，为什么短句多？因为要写出成长速度很快，所以需要大量用短句。有些句子是对称的，表现出句式的美观。还有用对比句来表现深度的。比喻、夸

张、引用、排比，都是使句子显得生动的手法。还有第二人称句，文中用到第二人称"你"，就是使我们进入课文的情境。但是这不是主要的，老师还要给大家指出非常重要的句子。现在，请同学们先拿起笔。好，《夏天里的成长》有全文的中心句，读一读——

（屏幕显示，学生齐读）

> 夏天是万物迅速生长的季节。

师：把这个句子用横线画出来，这是全文的中心句。接着看，有美段的中心句，第2自然段的第一个句子，读起来——

（屏幕显示，学生齐读）

> 生物从小到大，本来是天天长的，不过夏天的长是飞快的长，跳跃的长，活生生的看得见的长。

师：把这个句子画出来，这是这一段的中心句，是说夏天里的事物长得非常快，后面就围绕着中心句来展开描述。这篇课文有段中的描写句。我们看第3自然段——

（屏幕显示，学生齐读）

> 草长，树木长，山是一天一天地变丰满。稻秧长，甘蔗长，地是一天一天地高起来。水长，瀑布长，河也是一天一天地变宽变深。

师：三个句子有排比的意味，用白描的手法进行勾勒，写事物的成长，画下来。还有非常重要的句子。读一读——

（屏幕显示，学生齐读）

> 有文末的点题句。

师：把文末的这个点题句圈下来吧。"农作物到了该长的时候不长，或是长得太慢，就没有收成的希望。人也是一样，要赶时候，赶热天，尽量地用力地长。"（教师范读）

刚才老师为什么说这篇文章是哲理散文呢？这篇文章告诉我们要趁年轻，趁有热度的时候迅速地成长，这是全文的点题句。一起来，把这篇文章的句子读一读——

（屏幕显示，学生齐读）

> 有全文的中心句。有美段的中心句。有段中的描写句。有文末的点题句。

师：现在难点来了，我们来看课后习题第一题——

> 默读课文，找出中心句，说说课文是怎样围绕这句话来写的？

师：全文的中心句是——
（学生齐说）

> 夏天是万物迅速生长的季节。

师：那么，全文是怎样围绕着中心句来展开的呢？告诉大家这样一种阅读技巧，它叫"概说"。

（屏幕显示）

> 课文的第1自然段是全文的中心句；围绕着中心句，课文从"＿＿＿＿""＿＿＿＿""＿＿＿＿"等三个方面进行描述，表达了中心意思。

师：大家先来看第三方面，是从"中小学生"这方面来描述的，第二方面呢？看一看。

（学生静思）

师：草长，树木长，山长，稻秧长，甘蔗长，河水也在长……

生5：植物生长。

师：对，是从山河大地的角度来写万物生长，写的是比较宏大的景物。那么再看第2自然段，有动物，有植物，有石头。

生6：动植物。

师：都是很小的事物，主要是动植物。大家看屏幕，读一下——

（屏幕显示，学生齐读）

> 课文的第1自然段是全文的中心句，"迅速成长"是关键词；围绕着中心句，课文从"动植物""山河大地""中小学生"等三个方面进行了描述，表达了中心意思。

师：这个难题就被我们解决了。怎样围绕中心意思写呢？从三个方面来概括，再读——

（学生再次朗读）

师：语言的现象其实都是有规律的。我们来看同类美文——《妈妈睡了》，读起来——

（屏幕显示，学生齐读）

妈妈睡了

妈妈睡了。妈妈哄我午睡的时候，自己先睡着了，睡得好熟，好香。

睡梦中的妈妈真美丽。明亮的眼睛闭上了，紧紧地闭着；弯弯的眉毛，也在睡觉，睡在妈妈红润的脸上。

睡梦中的妈妈好温柔。妈妈微微地笑着。是的，她在微微

> 地笑着，嘴巴、眼角都笑弯了，好像在睡梦中，妈妈又想好了一个故事，等会儿讲给我听……
>
> 　　睡梦中的妈妈好累。妈妈的呼吸那么沉。她乌黑的头发粘在微微渗出汗珠的额头上。窗外，小鸟在唱着歌，风儿在树叶间散步，发出沙沙的响声，可是妈妈全听不到。她干了好多活儿，累了，乏了，她真该好好睡一觉。

师：老师检验一下，看你们是不是真正学到了本领。这篇文章有全文的——

生7：中心句。

师：真的很不错。这篇文章有段的——

生8：中心句。

师："睡梦中的妈妈真美丽。""睡梦中的妈妈好温柔。""睡梦中的妈妈好累。"都是中心句，每个段落都是围绕着中心句来展开的。

师：这篇文章有段中的——

生9：描写句。

师："妈妈微微地笑着。是的，她在微微地笑着，嘴巴、眼角都笑弯了……"每个段中都有描写句。这篇文章还有全文的点题句——

生10："她干了好多活，累了，乏了，她真该好好睡一觉。"

师：表现了"我"对妈妈的爱，妈妈应该在劳累的时候好好休息。大家再读一次——

（屏幕显示，学生齐读）

> 　　《妈妈睡了》有全文的中心句，有各段的中心句，有段中的描写句，有文末的点题句。

师：观察关键词，第1自然段的关键词是——

生11：美丽。

师：第2自然段的关键词是——

生12：温柔。

师：第3自然段的关键词是——

生13：好累。

师：现在把中心句读一读——

（学生齐读）

> 睡梦中的妈妈真美丽。
> 睡梦中的妈妈好温柔。
> 睡梦中的妈妈好累。

师：请大家一起说。

（屏幕显示，学生一起说，正确说出了填空内容）

> 《妈妈睡了》的第1自然段是全文的中心句；围绕着中心句，课文从"＿＿＿＿""＿＿＿＿""＿＿＿＿"等三个方面进行描述，表达了中心意思。

师：学得真快。学会一门技能，就是要通过例子来不断地演练。我们再读一遍——

（屏幕显示，学生齐读）

> 《妈妈睡了》的第1自然段是全文的中心句；围绕着中心句，课文从"美丽""温柔""劳累"等三个方面进行描述，表达了中心意思。

师：所以当一篇内容比较简洁、结构比较明朗的文章呈现在我们眼前时，我们就可以阐释，这篇文章是围绕什么、从哪几个方面来展开的。方法就是把那几个方面进行概括。找出关键词、关键句，然后阐释。

现在，我们开始第二个活动。刚才是对全文的理解，现在进行第二个活动——美段细读。

（屏幕显示，学生齐读）

二、美段细读

师：我们把第2自然段读一读——
（屏幕显示，学生齐读）

生物从小到大，本来是天天长的，不过夏天的长是飞快的长，跳跃的长，活生生的看得见的长。你在棚架上看瓜藤，一天可以长出几寸；你到竹子林、高粱地里听声音，在叭叭的声响里，一夜可以多出半节。昨天是苞蕾，今天是鲜花，明天就变成了小果实。一块白石头，几天不见，就长满了苔藓；一片黄泥土，几天不见，就变成了草坪菜畦。邻家的小猫小狗小鸡小鸭，个把月不过来，再见面，它已经有了妈妈的一半大。

师：观察这一段，把中心句读一读——
（学生齐读）

生物从小到大，本来是天天长的，不过夏天的长是飞快的长，跳跃的长，活生生的看得见的长。

师：真好，有了中心句，围绕着中心句展开描述。如果要你阐释，在一个段落里怎样围绕中心句来展开描写呢？我们可以不进行概括，可以直接选取关键词来阐释。请看——

（屏幕显示）

活动：圈画出这一段中表现"飞快成长"的动植物，说说它们是怎样体现这一段的中心意思的。

师：先把有关的内容圈出来，哪些内容呢？
生：（自由应答）瓜藤、竹子林、高粱地、苞蕾、白石头、黄泥土、小猫小狗……
师：用多种多样的事物的飞快成长，来表现夏天里的生命是飞快成长的。这样阐释，就容易一些，不用概括，直接说明。自己读，自己说——
（屏幕显示，学生自由练说，教师巡视、倾听）

段中的第一句是中心句，"飞快的长"是关键词；围绕着中心句，本段从"＿＿""＿＿""＿＿""＿＿"……等多方面进行了时间短、变化快的描述，表达了中心意思。

师：大家又学会了一个本领。怎样围绕中心意思展开描写的呢？把例子点出来。一齐读——
（屏幕显示，学生齐读）

段中的第一句是中心句，"飞快的长"是关键词；围绕着中心句，本段从"瓜藤""竹子""高粱""苞蕾"……等多方面进行了时间短、变化快的描述，表达了中心意思。

师：这个中心意思，就是夏天里万物都是飞快成长的，作者举了几个例子来说明。大家的领悟能力很强，立刻就学会了怎样来阐释。我们来看同类的美段《三月桃花水》——
（屏幕显示，学生齐读）

三月的桃花水，是春天的明镜。它看见燕子飞过天空，翅膀上裹着白云；它看见垂柳披上了长发，如雾如烟；它看见一

283

> 群姑娘来到河边，水底立刻浮起一朵朵红莲，她们捧起了水，像抖落一片片花瓣……

师：我来读，你们观察这段围绕中心句、关键词，具体描写了哪些事物。

（屏幕显示，教师范读短文，学生倾听并思考）

> 段中的第一句是中心句，"_____"是关键词；围绕着中心句，本段从"_____""_____""_____"等方面进行描述，表达了"春天之美"的中心意思。

师：现在请自由地说一说。

（学生自由练说，教师巡视并倾听）

师：我听清楚了，围绕中心句，展开的第一个方面是——燕子（学生自由应答）；第二个方面是——垂柳（学生自由应答）；第三个方面是——姑娘（学生自由应答）。

师：说起来——

（屏幕显示）

> 段中的第一句是中心句，"春天的明镜"是关键词；围绕着中心句，本段从"燕子""垂柳""姑娘"等方面进行描述，表达了"春天之美"的中心意思。

师：筛选关键词可以让我们知道这段文字是怎样展开描述的，从而明确这一段的中心意思。我们的能力表现的关键，就是要会阐释"是怎样展开的"，一个方面，两个方面，三个方面，四个方面……很有层次地说清楚。下面，开始我们的第三个活动——背诵积累。《夏天里的成长》，有美妙的段落，有美妙的句式，还有各种美妙的语言表达现象。

现在，我们把课文最后一段背下来。它有非常美妙的表达艺术，本来它要说，每个人都"要赶时候，赶热天，尽量地用力地长"。但是，它先不直接亮出观点，先写我们在成长，再举例写农作物也在成长，然后反面说如果不成长就没有收成，所以我们人也要赶快地成长，讲道理的方法也是很高明的。每位同学背诵4分钟，把这个段落背下来。

（屏幕显示，学生各自背诵）

三、背诵积累

一过夏天，小学生有的成了中学生，中学生有的成了大学生。升级、跳班，快点儿，慢点儿，总是要长。北方农家的谚语说："六月六，看谷秀。"又说："处暑不出头，割谷喂老牛。"农作物到了该长的时候不长，或是长得太慢，就没有收成的希望。人也是一样，要赶时候，赶热天，尽量地用力地长。

师：好的，大家背得很起劲。我给大家讲一个难句："处暑不出头，割谷喂老牛。"什么意思呢？就是稻谷到了处暑的时候，如果还没生长出谷穗来，就表示没有收成的希望了，就要割掉，喂老牛。启示我们要赶紧生长，成为有用的人。好吧，大家一齐背——

（学生齐背）

师：这是课文中的一段话，老师把它变一下——

（屏幕显示）

一过夏天，小学生有的成了中学生，中学生有的成了大学生。升级、跳班，快点儿，慢点儿，总是要长。北方农家的谚语说："六月六，看谷秀。"又说："处暑不出头，割谷喂老牛。"农作物到了该长的时候不长，或是长得太慢，就没有收成的希望。

人也是一样，要赶时候，赶热天，尽量地用力地长。

师：“人也是一样，要赶时候，赶热天，尽量地用力地长。”这是全文的点题句，表现文章的深刻含义。同类手法，也出现在同类文章中，请看《大自然的声音》——

（屏幕显示，学生齐读）

> 动物是大自然的歌手。走在公园里，听听树上叽叽喳喳的鸟叫；坐在一棵树下，听听唧哩哩唧哩哩的虫鸣；在水塘边散步，听听青蛙的歌唱。你知道他们唱的是什么吗？他们的歌声好像告诉我们：“我在歌唱，我很快乐！”

师：看，把这一段变一下——

（屏幕显示）

> 动物是大自然的歌手。走在公园里，听听树上叽叽喳喳的鸟叫；坐在一棵树下，听听唧哩哩唧哩哩的虫鸣；在水塘边散步，听听青蛙的歌唱。
>
> 你知道他们唱的是什么吗？他们的歌声好像告诉我们："我在歌唱，我很快乐！"

师：用动物们的歌声表现它们内心的快乐、生活的甜美，其实是在暗写我们的生活也是甜美的、愉悦的。所以，段落里面也会有点题句。

我们这节课的三个活动，有课内美文，也有其他课文或者课外的文章，这叫联想式的学习。同学们在平时的学习中，遇到好课文，会产生联想；遇到好段落，也会产生联想。用联想式的方法学习，就会使大家的学习有更加丰厚的收获。

本课的学习方法是课文联读，我们观察了同类美文、同类美段、同类手法，这样我们的课堂就更加厚实。谢谢每位同学的努力，下课。

生：谢谢老师，老师请休息！

师：同学们再见，谢谢！

教学赏析

这节课教学线条简洁，教学步骤明朗，"板块式"教学思路清晰。

课中有三次学生实践活动：整体理解，美段细读，背诵积累。三次教学活动都利用课文资源，设计对学生有效的训练活动：有概括能力训练，有品析能力训练，有课文读背训练等。课堂活动形式多样，动静分明，精致灵动。

这节课运用"主问题"引领课堂活动，注重集体训练，在师生对话中顺势渗透了语文知识。

教学时，学生围绕"主问题"进行深入思考，尝试从多角度发现课文的美句，并用"概括""抓关键词"等方法阐释课文怎样围绕中心意思进行表达。"主问题"的设计紧扣单元语文要素，起着"牵一发而动全身"的作用。

这节课教学活动的设计角度细腻精巧，采用"课文联读"的手法，表现出一种雅致的气息，丰富了教学内容，充满诗意之感。

在三次学习活动中，学生从一篇课文的学习扩展到多篇文章的学习，观察了同类美文、同类美段、同类手法，每一个活动都有丰美的收获，丰厚的积累。

|赏析| 广东省东莞市塘厦第二小学 李丽君